De primera fuente

De primera fuente

Memorias de Mago Gilson

Margarita Moreno Zárate

Yachay Kallay Publishers, LLC

De primera fuente

Memorias de Mago Gilson

© 2024 Yachay Kallay Publishing, LLC

Reservados todos los derechos. Ninguna parte de esta publicación puede reproducirse, almacenarse en un sistema de recuperación o transmitirse de ninguna forma ni por ningún medio electrónico, mecánico, fotocopia, grabación o de otro tipo, sin el permiso previo del editor o de acuerdo con las disposiciones de los Derechos de Autor, Ley de Diseños y Patentes de 1988 o bajo los términos de cualquier licencia que permita la copia limitada emitida por la Agencia de Licencias de Copyright.

Publicado por:
Yachay Kallay Publishing, LLC
2544 Washington Street
Eugene, Oregon
97405
USA

Tipografía: Jon Dell Jaramillo

Diseño de la portada: Mago Gilson (bordado)

Un récord CIP está disponible en la Biblioteca del Congreso
Congress Cataloging-in-Publication Data

ISBN-13: 979-8-9920538-0-7

CONTENIDO

- DEDICACIÓN 7
- AGRADECIMIENTOS 9
- PRÓLOGO 11
- NOTA DE LA AUTORA 13
- CAPÍTULO 1 15
- CAPÍTULO 2 19
- CAPÍTULO 3 21
- CAPÍTULO 4 23
- CAPÍTULO 5 27
- CAPÍTULO 6 29
- CAPÍTULO 7 33
- CAPÍTULO 8 37
- CAPÍTULO 9 43
- CAPÍTULO 10 47
- CAPÍTULO 11 51
- RETRATOS FAMILIARES 55
- CAPÍTULO 12 85
- CAPÍTULO 13 89
- CAPÍTULO 14 95
- CAPÍTULO 15 99
- CAPÍTULO 16 103
- CAPÍTULO 17 107
- CAPÍTULO 18 111
- CAPÍTULO 19 117
- CAPÍTULO 20 123
- CAPÍTULO 21 125
- CAPÍTULO 22 133
- CAPÍTULO 23 139

De primera fuente

DEDICACIÓN

A mis amados hijos, el tesoro más preciado de mi vida. Las niñas de mis ojos, Amada y Luzi, y mis tres queridos varones: Óscar, Eddy (Édgar), y Víctor, el más joven: qué inmensa dicha me ha dado Dios al bendecirme con ustedes cinco. No hay palabras suficientes para expresar el orgullo que siento por cada uno. Ustedes son mi mayor logro, mi razón de ser, y el motor que ha impulsado cada paso en mi vida.

Con todo mi amor, dedico estos recuerdos, estas anécdotas y vivencias a ustedes. Que estas páginas sean un legado, un tesoro que podrán compartir con sus propios hijos y nietos, porque aquí se guarda la historia de sus ancestros, contada desde la primera fuente. Es mi deseo más profundo que estas historias los acompañen y les recuerden siempre de dónde vienen, el amor que los precede, y la fortaleza que les pertenece por derecho.

De primera fuente

AGRADECIMIENTOS

Primeramente, a Dios, mi creador, mi guía y protector. Él me ha dado las palabras que por años revoloteaban en mi mente negándose a salir para quedar impresas en estas líneas. Finalmente fluyeron las ideas y se convirtieron en frases y oraciones para acomodarse aquí.

El agradecimiento profundo para mi familia, especialmente mis hermanas y mi hermano, sin su amor y su apoyo yo no estaría donde estoy. Con todo mi amor a mis hermanitas Lexvia, Clelia, Feliza (hasta el cielo), Sara y Lulú y mi hermano Fidel Rey.

También lo dedico a mis sobrinas y sobrinos. Gracias a una de estas sobrinitas, que me hizo una pregunta inesperada, me sentí con la urgencia de escribir para platicar la realidad de cómo sucedieron las cosas y así para que no les digan y no les cuenten y mucho menos para que no inventen, aquí está el tan solicitado libro. Para cualquier duda aquí estoy todavía, así que pregunten. ¡Pregúntenme!

Con gratitud enorme para mi buen amigo Jon Dell Jaramillo. Sino hubiese sido por su ánimo y apoyo, este libro todavía sería un sueño. Cuando él por casualidad leyó una de mis páginas escritas todavía en la computadora, me comentó que le gustaba mucho y que era material para publicar. A partir de ese comentario, empecé a volar alto. Trabajé sin cesar hasta que terminé de escribir los veintitrés capítulos de este libro que con tanto amor he escrito.

También, gracias a Maria Guadalupe Gutiérrez Cortez por su aportación incondicional con el bordado de la casita.

Quiero expresar mi más sincero agradecimiento a Lisa Valdez, nuestra primera lectora, quien ofreció valiosas observaciones. Su mirada atenta y sus comentarios agudos han sido esenciales para dar forma a los principios del trabajo, y siempre le estaré profundamente agradecida.

Mi gratitud eterna va para Connie Sámano por apoyo y su habilidad excepcional para la corrección de estilo, no solo mejoraron el texto, sino que también brindaron claridad y coherencia. Connie, tu orientación ha sido una luz en este camino, y tu generosidad y paciencia no pasarán desapercibidas.

De igual manera, quiero agradecer de corazón a Lourdes, por su meticulosa revisión del manuscrito. Su dedicación y atención al detalle garantizaron que cada palabra, cada frase, estuviera cuidadosamente pulida. Su esfuerzo incansable es un testimonio del amor por este proyecto, y por eso le debo mucho más de lo que las palabras pueden expresar.

Finalmente, mi más profundo aprecio a la doctora Erin Gallo por su maravilloso prólogo, lleno de perspicacia y sensibilidad. En sus palabras, encarna los ideales de Gayatri Spivak, quien sabiamente afirma que los mejores lectores y traductores se conectan íntimamente con el texto, desarrollando un amor profundo por las historias que contiene. Gracias, Erin, por transmitir con tanta precisión y elegancia los matices emocionales de este trabajo, acercándolo al corazón de los lectores de una manera tan bella y concisa.

PRÓLOGO

Predomina la imagen del inmigrante únicamente en el momento de cruzar la frontera, cuando en realidad ese instante pesa menos que los millones de momentos vividos antes y después de ese cruce. Este testimonio de Mago Gilson es un recordatorio de las encrucijadas que ocurren lejos de la frontera, escondidas en un pasado lejano y cercano a la vez, en la juventud dolorosa y hermosa, y en un pasado que fue y no fue, ya que la memoria lo guarda y lo transforma todo.

Gilson, la mayor de siete hermanos, relata una niñez en Chiapas en la que rumores de pueblo, la venganza y el machismo reinan como vestigios de un siglo pasado. En aquel entonces, México se vio inmerso en la redistribución de tierras en los ejidos y en la industrialización de las ciudades. La familia de Gilson vivió estos cambios cuando tuvo que dejar su tierra natal para reestablecerse en el Estado de México. Aunque no lo menciona explícitamente, Gilson alude a un periodo fundamental conocido como el "Milagro Mexicano." Los momentos clave de sus memorias—como la construcción de su casa, la llegada de la luz eléctrica, las escuelas, la televisión y la radio—están relacionados con esta explosión en el consumo y la economía de todos los mexicanos. Pero, a pesar de esta modernización, y como millones de otros mexicanos en su tiempo, vivió una vida humilde, sin dejar de estar en los márgenes. En medio de estas crudas realidades, Gilson nos recuerda del amor que había: "¡Qué felices éramos! Ni sabíamos que éramos pobres".

Los años están revueltos, tal como la memoria no es un sistema de catalogación fiable, pero entre los capítulos 18 y 20, Gilson revela sus verdaderas encrucijadas. En la primera, su madre muere en el parto y ella da a luz a su primera hija, fruto de una relación abusiva. Aquí—un final y un comienzo a la vez—Gilson decide huir para renacer. A partir de su escape, se convierte en estudiante de la vida.

Comienza a trabajar y adquiere nuevas habilidades para proveer a sus hijos. Mientras construye su nueva vida como trabajadora y mujer moderna, conoce al hombre que provocará la segunda encrucijada. Se enamora y, junto a su nuevo esposo, ciudadano estadounidense, se muda a los Estados Unidos. Para ella y para muchos otros, el amor es el motivo para salir de su país.

En su último capítulo, Gilson reflexiona sobre su vida extraordinaria. A pesar de haber estado marginada la educación formal, logró obtener una maestría en educación, lo que la llevó a ser reconocida por el presidente Bill Clinton. Se liberó de una relación dañina y alcanzó la autosuficiencia antes de conocer a su actual esposo. Lo más admirable de su testimonio es la humildad con la que narra su pasado, recordándonos que su falta de oportunidades en México no se debió a la falta de talento, sino a circunstancias injustas. Al compartir su historia, Gilson nos invita a reflexionar sobre el poder del amor, la resiliencia y la capacidad de transformar nuestras vidas. Su viaje nos regala un vistazo a la lucha y la esperanza que definen la vida de muchos inmigrantes.

—Erin Gallo, PhD

NOTA DE LA AUTORA

La cita es todos los lunes a la una de la tarde. ¿Con quién y para qué? Con mi querido Jon Dell y es para editar mi libro. Estoy disfrutando cada paso, cada revisión y espero los lunes con ansias. Aunque ya se alargó el proceso, me tengo que recordar que no es fácil documentar toda una vida. Si así lo fuera, este libro ya se habría publicado hace mucho tiempo. Creo que ya me he memorizado cada capítulo de tanto repasar y siempre encuentro algo que arreglar. Escuchando al gran escritor, periodista y comentarista Juan Villoro (a quien admiro mucho) menciona en una de sus pláticas a otro famoso escritor mexicano, Jorge Ibarguergoita que dijo que al revisar antes de publicar uno de sus libros se dio cuenta que lo que a él le llevó más de dos años en escribir, al lector le llevaría solo un par horas en leer, de pronto así me siento yo.

Alguien más dijo, "ya publícalo así porque nunca vas a decir ya está perfecto".

Realmente, he estado escribiendo estas páginas por muchísimo tiempo. Me gusta escribir poesía o prosa, pero no me considero escritora, aunque tengo guardados varios cuadernos llenos de páginas escritas de puño y letra. Aun así, me intimido cuando leo los libros de los grandes con su elocuencia creativa, sus metáforas fascinantes que a veces no logro conectar con la realidad por su realismo mágico. Pero me insisten (familiares y amigos) "escribe tu libro, tienes mucho material, muchas anécdotas, tu historia es fascinante". ¿De verdad? ¿Ustedes me animan?

Poco a poco lo fui creyendo, entonces empecé a escribir desde la Navidad. *Desde la Navidad* es un decir que empleamos en la familia cuando queremos saber algo más desde el principio, para enterarnos de todo el panorama. Por eso cuando surgió la idea de aclarar un malentendido acerca de mi cautiverio en Texcoco, decidí escribir para esclarecer cualquier error. Se fueron ampliando los capítulos hacia atrás antes que yo naciera. Ha sido un verdadero gozo ir formando estas líneas para hacer un pormenor de lo que a mí me ha pasado como canta Linda Ronstad en la canción *La cárcel de Cananea*.

A veces me desespero, ya quiero terminar este proyecto y empezar otro que ya tengo en mente, pero recuerdo que debo disfrutar el sendero hacia la colina antes de llegar a la cima. Tomarme el tiempo y aspirar el aroma de las rosas, admirar el nuevo día cuando amanezco y agradecer al Creador

Me ilusiona y emociona imaginar el gusto de los futuros lectores, especialmente mi familia. Yo misma me divierto con mis propios chistes o me entristezco con mis pasados sinsabores.

Este libro es mi legado, un canto a la vida en todas sus formas. Aquí se los dejo, tómense el tiempo de leerlo, como yo me tomé el tiempo de vivirlo y escribirlo.

CAPÍTULO 1

Chiapaneca soy señores, soy de origen lacandón. Pues tal vez yo no sea de origen lacandón, como dice esta bonita canción (créditos para Eloy Esquinca, mi tío), pero si soy de ese hermoso estado de Chiapas. Y nos tuvimos que ir de allí para acomodarnos en otro bello estado de la República Mexicana, precisamente en el Estado de México, donde crecí.

Así, por azares del destino llegamos a Boyeros, un pintoresco pueblito entre la ciudad y las pirámides, muy cerca de Texcoco cuna de nuestro prehispánico Rey Netzahualcóyotl.

Nos vimos obligados a abandonar aquellos rumbos del sur, dejando tierra y parentela. Ahora ya podemos hablar de eso; ya no es ningún secreto, ya no hay peligro. Es que mire usted, a mi papá lo querían matar. En aquellos rumbos y en aquellos tiempos, matar o morir era algo muy cotidiano. En alguna tertulia, celebración o festejo: la razón, motivo o circunstancia era lo de menos, y según le escuché decir a mi padre, que, al calor de un disgusto, mal entendido o resentimiento guardado, ¡salían a relucir las pistolas y órale! *Cayendo el muerto y soltando el llanto.* Más rápido que pronto alguien le quitaba una tabla a su carreta, sacaban otra de alguna cerca o barda para construir el cajón y enterrar al muertito. Mientras los sobrevivientes se afanaban en construir el ataúd, las amigas de la viuda la consolaban y otras lloronas se ocupaban de preparar el café con *piquete* de tequila para el velorio. Nunca faltan voluntarios que se encargan de traer el pan y los tamales para seguir con la fiesta con el difunto de protagonista.

Pero mi papá no se quedó en Chiapas para celebrar ese último adiós dentro de un cajón de muerto; aunque ya le andaban cavando su tumba.

Mi padre no se quería salir del terruño querido. Tenía sus tierras para labrar, sus vacas lecheras, su caballo brioso y hermoso, que respondía al nombre de "Cuando", con el que cabalgaba coqueteando con las muchachas. Era todo un galán, experto jinete, guapo y enamorado. Ah, pero según sus propias palabras, él no se llevaba a las muchachas; las enamoraba sí, pero cuando estaba listo se casaba por todas las de la ley, para no dar mal ejemplo. Por un problema de *faldas* se tuvo que separar de su familia y su vida campirana en el rancho.

Antes que yo naciera, aconteció que mi padre contrajo matrimonio con una bella joven de la región. Casado pues, con esa muchacha de buena familia, que tenía varios hermanos, sucedió que, después de los festejos de la boda, cuando los recién desposados quisieron ir a casita, ahí fue la suegrita también. Y no se quedó por un día o dos, sino que pasaron dos, tres, cuatro semanas y al fin el nuevo marido, ya un poco molesto le dice a su esposita:

"¡Oye, ya! Ya es tiempo de que tu mamacita se regrese a su rancho. ¡Casados casa quieren! ¡Casa dos! ¿entiendes? ¡Necesitamos nuestra privacidad!"

"Ay, no," dijo la muchacha arrogantemente. "Hombres hay muchos, madre solo una. Mi mami aquí se queda". Pues no, esa misma tarde empacaron sus triques, los subió a la carreta, asimismo a la mujercita con mamitis y a la suegrita con hijitis. De vuelta se fueron para su casa de soltera para vergüenza de la familia. Devolver a la recién casada era una afrenta que se pagaba con sangre.

La vida de mi padre corría peligro. Los hermanos muy ofendidos por semejante insulto juraron venganza para limpiar el honor de su hermana ultrajada. ¡Esa ofensa no se iba quedar así!

Pero pasaron los años. El asunto parecía olvidado. Los enemigos de mi padre preparaban su venganza, pero él seguía su vida cotidiana. Tuvo otras novias, ¡hasta que conoció a mi madre! Tuvieron un noviazgo muy romántico. Mi mamá nos platicaba que estaba deslumbrada con aquel guapo que llegó de otra ciudad atravesando ríos y montañas con su fino caballo para ir a visitarla.

Después del tierno noviazgo, el forastero se puso muy formal; y para mostrar a la doncella sus buenas intenciones, le preguntó que si podía llevar a su mamá para pedir su mano. ¡Así de serio estaba!

¡Tan jubilosa como quien cuenta historietas de hadas!, nos platicó mi mamacita que cuando mi abuela llegó a la casa de mi otra abuela a pedir la mano, la futura suegrita se apareció con la cinta métrica, ¡para allí mismo tomarle medidas y ella misma confeccionarle el vestido de novia! ¡Vaya, eso sí que era un halago! También nos platicó mi mamá, que el día de la boda se prepararon docenas de gallinas en estofado, cochito enchilado y no recuerdo qué más viandas. ¡Una gran boda de lujo!

Pasó el tiempo. Todos felices, y para completar la dicha, en una madrugada de octubre nací yo, alumbrada por la luna más hermosa. He ahí la canción de Miguel Michel *Luna de octubre*.

Pasaron varios agradables meses. Esa niña bonita con enormes ojos y cabello ensortijado como papá, empezó a dar sus primeros pasos; y mami embarazada ya del segundo bebé. Esperaban con ansias un varoncito.

¿Se acuerdan de aquellos hombres que querían matar a mi papá? Pues una tarde de aquellas que mi padre regresaba de trabajar las tierras, se le acercó un amigo y le advirtió que se cuidara de cuatro tipos que le habían jurado venganza, que ya estaban listos. Según él, sabía que estaban planeando invitarlo *dizque* para hacer las paces: lo llevarían a la cantina, allí lo emborracharían y cuando ya estuviese bien ebrio lo llevarían a su caballo y ya cerca de la barranca, allí se lo ajusticiaban.

Gracias a la advertencia de ese conocido que ahora sé que se llamaba Fidel, mi padre se pudo prevenir. Sí, lo invitaron a la taverna, lo trataron de emborrachar. Pero entonces mi papá, advertido de los perversos planes, fingió tomarse las copas que una a una le iban arrimando y cuando ya estuvo, según ellos bien servido, lo ayudaron a salir de la cantina y a subirse al caballo; tambaleándose como lo hacen los borrachos, se trepó y empezó a galopar. ¡Aquí se me estremecen las entrañas de miedo al pensar que en cualquier momento podía suceder la tragedia de quedar huérfana de padre!

Los hombres iban detrás de su futura víctima quien parecía tan ebria que apenas podía sostenerse arriba del caballo. Entonces, ellos gritaron envalentonados: "¡Aquí te llegó tu hora Fulano Moreno!", al tiempo que ellos sacan sus armas. Mas veloz, mi papá se incorporó del caballo, más sobrio que nunca y, a dos manos, con pistola en cada una... ¡pum, pum, pum, pum! Mató a los cuatro y él salió ileso. Esto en verdad sucedió, no lo vi en una película. No me lo estoy inventando. Podrían hacer una muy buena serie en Netflix basada en estos hechos reales.

Se fue pues, todavía sin asimilar lo que acababa de suceder, galopando en su caballo. Allí dejó a los cuatro. Podría haber dicho que fue en defensa propia, pero no lo hizo. Al llegar a casa, tuvo que confesar su fechoría a su madre y seguramente a la mía también. Para horror de ambas.

Él decidió irse a trabajar al día siguiente. Su mamá le rogaba que se escondiera porque ahora los primos de los difuntos, seguramente, lo iban a buscar para matarlo ahí mismo. Y, según la boca de mi padre que luego nos platicaba esta historia, él dijo: "¡yo no me voy a esconder a ningún lado, si me buscan, *pos* aquí estoy!" Esta escena nos recuerda la popular canción *La Valentina ... si me han de matar mañana, que me maten de una vez.*

A la mañana siguiente, se fue como cualquier otro día a trabajar las tierras. Allá lo fue a buscar su hermanita. A quien yo digo que le debe la vida. La más joven de mis tías. Suplicando con lágrimas en los ojos y de rodillas, mi tía Francisca (Quika) gritó: "Porque te quiero tanto hermanito, ¡te quiero vivo! Vete. ¡Por favor, vete!"

Gracias a los ruegos de su hermanita menor, al fin mi padre accedió dejar su tierra y su familia. Poco después lo seguiríamos nosotras, mi mami con su pancita y yo.

Vivió muchos años y tuvo muchos hijos y nietos, lejos de aquellas tierras sureñas.

Así fue cómo en vez de vivir y crecer en el bello estado de Chiapas, mis hermanitos y yo crecimos en el también hermoso estado de México.

CAPÍTULO 2

Vivimos en casas prestadas por algún tiempo. Primeramente, llegamos a casa de un hermano de mi abuelita. El tío de mi papá ya tenía casa llena con un montón de niños, primos de mi papá. Yo guardo en mi corazón eterna gratitud para tío Carlitos y tía Agustinita: ellos abrieron las puertas de su casa para abrigarnos con techo y comida. Mi padre se pasaba los días fuera, buscando trabajo, mi mamá, ayudando en todo lo que podía y ajustándose a la vida lejos de su familia y tierra natal. ¡Qué difícil era para ella ver a su amado esposo llegar cansado y frustrado después de trabajar en lo que saliera!

Trató de vender perfumes de casa en casa. Nos platicaba mi padre que le era muy penoso sacar el perfume para que la dama de la casa aspirara el aroma y decidiera si comprarlo o no. No le agradaba nada hacer ese trabajo tan delicado comparado con las actividades rudas del campo, preparando la tierra para la siembra, para luego sembrar y cosechar. ¡Oh, cuánto añoraba aquellos días!

Con tono triste, mi mamá nos platicaba que le dolía en el alma ver a su fino esposo, aquel galán que había conocido montado en su brioso caballo "Cuando", con aquel porte de caballero elegante, ahora limpiando a rodilla los pisos. Mi madrecita lo observaba con tristeza, ya que él tenía que realizar los quehaceres de la casa en los que ella solía ayudar. Esta vez ella no podía, ya que convalecía en cama después de un doloroso parto, acunando a su bebé recién nacida. También observaba como su chiquita que tenía hambre se comía las sobras de una avena que mi tía vaciaba en una bandeja. Lo que mi madre no sabía es que yo me estaba alimentando con la mejor parte del desayuno, ya que en México el atole de avena lo cuelan y, lo que queda en el colador, va para las gallinas. Al comerme yo lo que era para los pollos, me estaba llevando al estómago lo nutritivo del cereal. Mi mamá no sabía eso y se llenaba de tristeza e impotencia.

Pasaron esos primeros años. Mi padre al fin encontró un trabajo estable.

Nos mudamos al pueblito en el que creceríamos. Gracias a un paisano de Veracruz. Porque mi papá era oriundo de ese estado, en el Golfo de México. Este hombre, don Chon estaba construyendo su casa a las orillas del pueblo; ya estaba muy avanzada la obra. Le faltaban el techo, ventanas, puertas y otros detalles. Mi papá propuso a su paisano que le permitiera construir un pequeño cuarto, solamente mientras encontraba un lote donde construir nuestra propia vivienda. De esta manera nos ayudaría, y nosotros vigilaríamos que no se llevaran (robaran) el material de la construcción como, cemento, varillas, ladrillos y otros.

Así que, felizmente nos mudamos a la pequeña casita de cuatro paredes y tejado de láminas de cartón, sin energía eléctrica y sin agua potable, que no era ningún problema ya que mi papá, *ni tardo ni perezoso* pronto excavó un pozo.

Cuando llegamos al pueblo, la gente miraba a mi mamá como si fuera extranjera. Claro, el idioma era el mismo, pero ella lo hablaba cantando. Su cabellera larga y negra entretejida en un par de gruesas trenzas le rodeaban la cabeza como una corona. Cuando iba por el agua potable a la casa de una vecina, se ponía el balde en la cabeza y caminaba erguida sin derramar ni una gota. Muy hermosa la señora del llano, porque así la bautizaron.

CAPÍTULO 3

Tanto tiempo sin ver a su familia, su madre, sus hermanitas, su hermanito. La tristeza le llenaba sus bonitos ojos. Al fin un día mi papá tuvo compasión de ella y le dijo, amorosamente "vete a ver a tu familia. No es justo que por mi culpa **tú** no los puedas visitar."

¡Mi madrecita se alegró tanto! De inmediato empezó la preparación para el viaje. Todos los días al hacer las tortillas, apartaba una bola de masa para hacer totopos. Estos totopos tienen diferente consistencia y el proceso es otro. Yo tenía alrededor de cuatro años, pero recuerdo verla como los hacia más delgados y no los dejaba subir como globo a la tercera volteada, lo que sí se hace con las tortillas. A estos les hacía unos hoyitos para que saliera el vapor y no se inflaran, y luego de la segunda volteada los ponía paraditos a la orilla del comal para que se tostaran lento. Así, poco a poco, preparaba diez hoy, quince el día de mañana, otros tantos pasado mañana. Iba llenando un costal, con más de cien tostadas. Ese sería el alimento de mi papá en nuestra ausencia; me imagino que con un poco de queso. Mi padre no sabía cocinar en aquellos tiempos, aunque al pasar los años nos sorprendía con su sazón.

Para el viaje, mi mami confeccionó unos vestiditos muy monos para mi hermanita y para mí, tan bonitos color azul con unas rositas pequeñitas de estampado. Seguramente también se arregló atuendos para ella.

Llegó la fecha de la partida. Estaban muy nerviosos. Tenía que ser tan secreto, pues no querían dar ninguna pista a los enemigos de mi papá. Él hasta se había cambiado de nombre, y las cartas que escribía mi mamá a su familia tenían el destinatario de otra persona y la dirección de otro país: Guatemala. Yo le pregunté una vez a mi mamá que porqué al principiar sus cartas siempre ponía así, Guatemala, Guatemala y después de escribir la fecha comenzaba su carta: *Querida mamacita...*

"Ay, hijita", me explicó mi mamá, muy misteriosa, "es para despistar al enemigo".

Literal, era para despistar a los que estarían buscando a mi papá, en caso de que alguna carta de las que escribía mi mami fuese interceptada por otras manos, ellos creyeran que nos habíamos ido a Guatemala.

Mi padre nos fue a dejar a la estación del ferrocarril. Para mí, todo era novedoso y bonito, super emocionada de subirme al vagón.

Los vi despedirse. No entendí por qué lloraban. Era un riesgo que estaban tomando por amor. Él, por amor a ella y ella, por amor a su madre y familia en Chiapas.

Después del viaje en tren, transbordamos al autobús, al bajar cargando el pequeño baúl, nos dirigimos al pueblo. Grande fue mi asombro cuando desde lejos vi venir corriendo a mi abuelita y a mis tías con los brazos abiertos, llorando de alegría. Pronto llegaron hacia ella y la abrazaron y llenaron su rostro de besos y lágrimas. Mientras caminaban, le ayudaban con su equipaje. Yo, de la mano de mi hermanita, disfrutaba del paisaje chiapaneco y de un delicioso aroma a café que emanaba de las casas de los vecinos.

Desde entonces he decidido que el café más delicioso en todo el mundo se encuentra y viene del estado de Chiapas, en México.

CAPÍTULO 4

Después de un mes increíble con nuestra familia en Chiapas, volvimos a nuestra casita de adobe. Nos fuimos adaptando a la vida cotidiana de nuestro nuevo pueblo. A mi mami no le faltaban las amistades: se les hacía tan linda; escucharla hablar con su acento chiapaneco era un arrullo. Además, era muy divertida y dicharachera. Tenía a las vecinas muy entretenidas con sus bromas y chascarrillos. La escuché diciendo que un día un gato se cayó al pozo (señalando nuestro pozo en la esquina del terreno): el gato chillaba desde el fondo *miahogo, miahogo*. Claro, ella imitando la manera en que los gatos maúllan. De pronto pasó un guajolote arrastrando las alas, diciendo: cien pesos y te saco, *cienpesosytesaco, cienpesosytesaco*. Hablaba ella como correteando las palabras y sonaba como el ruido que hacen estos *güilos* al caminar. Las señoras lloraban de risa, pero el chiste no acabó allí. Mi mamá remató su historia así: Luego pasó una gallina que cacaraqueando decía - *yasechingó, yasechingó*. Imagínense a una gallina, así se oye. ¡Ay, qué diversión!

Así, mi mamá se fue haciendo popular en la colonia. No faltaron las amigas que la querían como comadre. La llevaron a conocer la iglesia católica con todos sus santos. Allá, de donde ella venía no había templos de ninguna denominación. Nos platicaba que ella hacía sus oraciones en un rincón de la casa, bajo un puente o cualquier otro lugar solitario.

Antes de casarse con mi papá, ya estaba ella muy preocupada porque ya iba a cumplir 20 años y no tenía ni novio ni mucho menos prometido. Había tenido unos pretendientes que no le habían agradado y se dio el lujo de despreciarlos. Ellos, dolidos en su orgullo, empezaron a difundir rumores que la difamaban. Que si ella ya no era doncella, que si ella ya no era casta, que si era una engreída. Para colmo, en su bonito rostro le empezaron a salir unas manchas a las que les llamaban *paño*. Mala señal para su reputación. Entonces, la afligida dama se iba debajo de aquel puente para hacer sus oraciones y peticiones para que llegara aquel que iba a ser su esposo. Alguien que salvara su honor y le diera respeto. Un príncipe azul de un pueblo lejano.

Sus oraciones fueron escuchadas, ya que poco después apareció mi padre en su fino caballo. Tan hermoso el jinete como el corcel. Así lo describía mi madre orgullosamente; también nos platicaba ella que tan buenas eran las intenciones de mi papá que, después de enamorarla, prometió ir con su madre para pedir su mano. Se preparó para ese día tan importante. Los nervios y la emoción la tenían muy inquieta. Se arregló con esmero, luciendo su mejor atuendo. Salió al campo a buscar unas flores y, de pronto, ¡oh, qué dolor en la cara! Una abeja o avispa le soltó un pinchazo con su aguijón que le dejó la mitad del bello rostro inflamado y colorado. Vaya sorpresa que se llevaron el novio y la futura suegra al ver a la damita con la cara desfigurada. Pero eso no impidió el motivo de la visita.

Continuó mi mamá con sus anécdotas... "El día de la boda, fue un gran evento en el rancho de tu papá". Nos mostró una foto del día de la boda. El vestido de novia que mi abuelita le había confeccionado tenía una gran cola. Ni se imaginaban que, en el futuro y por necesidad, esa parte del vestido nupcial iba a servir para para hacerme vestiditos, ya que venían otros tiempos de escasez cuando tuvieron que empezar de cero y en otras tierras.

Ahora, ya establecidos en este pueblo, creció la familia, además de varias comadres y compadres, que eran mis madrinas y padrinos. A estos, se les sumaron los vecinos que amablemente invitaban a mi mamá a usar sus lavaderos. Era una ardua labor tener que sacar agua del pozo con una cuerda amarrada a la cubeta, balde tras balde para cocinar, lavar los trastes, para bañarnos y para quién sabe qué tantas más labores de mi mamita. Por eso, de vez en cuando se iba a lavar la ropa a casa de alguna vecina que sí tenía agua entubada y lavaderos.

¡Qué casas tan bonitas las de los *ejidatarios*! Así les llamaban a los suertudos que les tocó estar allí para la repartición. Les regalaron una casa y además un ejido. O sea, unas parcelas de tierra para sembrarla. Llegamos tarde para ese lote. Parece que el entonces candidato a la presidencia,

Manuel Ávila Camacho, prometió que, si él llegaba a ser el elegido, les premiaría con estas viviendas provistas con electricidad y agua potable, con excusado adentro, donde uno va a hacer sus necesidades, luego le jalas una palanca y se va todo el cochinero por un tubo invisible quién sabe a dónde, y ni huele feo. Por si fuera poco, una regadera de la que sale agua para bañarse parados, no en tina sentados como nosotros.

Lo que si nos tocó disfrutar fue la escuelita primaria que lleva su nombre: Escuela Primaria Manuel Ávila Camacho, donde mis hermanos y yo asistimos al colegio los primeros seis años.

Los que llegaron tarde a ese reparto, tenían que buscar su espacio en los suburbios del pueblo y comprar para construir su vivienda como pudieran. El paisano de mi papá tenía su terreno de buen tamaño donde estaba construyendo su casa grande. Había muchas construcciones esperando que les pusieran el *colado de cemento* en el techo, lo cual es muy costoso, por eso tienen que esperar a reunir más dinero para el gran gasto.

Pasaron varios años. La familia crecía.

Sí, la familia creció, pero la pequeña casita no. Eran solo cuatro paredes sin ventana, solo un pequeño tragaluz cerca del tejado de cartón.

En una esquina, la cama de papá y mamá y el bebecito en turno, que ahora ya eran dos. En la otra esquina una cuna que mi tía nos regaló para el más chiquillo de los críos, pero allí dormíamos mi hermanita Lex y yo. En medio de la cama y la cuna acomodaron la máquina de coser que mi abuelita nos regaló al nacer yo. Mi mami siempre ocupadita, solo dejaba de pedalear cuando no estaba lavando ropa o haciendo tortillas. Ella solo descansaba cuando amamantaba al bebé. De noche, la mencionada máquina de coser servía de buró para poner la vela y alumbrarnos. Allí también acomodaron el reloj despertador, que sino olvidaban darle cuerda no dejaba de hacer *tic tac*, *tic tac*; sus manecillas daban vuelta por los números diciéndonos la hora, y de madrugada timbraba estrepitosamente para despertar a mi papá para irse a trabajar.

A un extremo de la choza estaba la pequeña estufa de petróleo. Al otro lado, teníamos un trastero donde mi mamá acomodaba los escasos utensilios de cocina. Colgado de la pared, cerca de la estufa estaba un triángulo de madera que mi papá construyó con clavitos alrededor. Allí colgaban las tazas y las cucharas. Teníamos también una mesita y un par de sillas. Todo muy bien acomodado.

Papá trajo otra cama, porque ya era necesaria, pero por falta de espacio, la colgó del techo. ¡Sí, del techo!, amarrada de las vigas que sostenían las láminas de cartón. Allí la sujetó. Más bien era un bastidor de madera, esperando para cuando ya tuviésemos nuestra propia casa y ponerle colchón. Del camastro colgante, se balanceaba una pequeña hamaca donde dormía mi hermanita bebé.

Afuera, cerca al pozo que había excavado mi papá con pico y pala, acondicionó una letrina que le decíamos *el wáter*.

Esa fue nuestra primera mansión.

CAPÍTULO 5

Un día inolvidable, mi mamá fue con una canasta llena de ropa sucia a la casa de Doña Pancha para lavarla en el lavadero alto con agua entubada. Creo que era un sábado, día que solíamos bañarnos, ya que mi mamá decía: "sábado glorioso, te lavo, te baño, te plancho y te coso." Ese día había dejado calentándose bajo los rayos del sol una gran tina con agua del pozo, para que cuando regresara, nos bañáramos. Por lo general, mi hermana y yo nos zambullíamos juntas en el agua tibia, pero el niño no. Él era especial. Tenía su propia bañera. La bebé también.

La tina se quedó llena de agua, pero ya no para el baño.

Mientras mi mamá lavaba en casa de la amable vecina; como otras veces yo me quedé a cuidar a mi hermanita que dormía plácidamente en su hamaquita, inocente de la tragedia a punto de suceder.

Los frijoles hervían desaforadamente en la olla; de pronto, las llamas en la pequeña estufa de petróleo se empezaron a enfurecer. En seguida, se alargaron y agarraron fuerza. Yo, una niña de escasos 6 años, tenía que tomar una decisión rápida, ir corriendo a avisar a mi mamá o apagar el fuego que crecía. Apagué la estufa, pero el incendio ya había alcanzado el triángulo de madera de donde colgaban unas cucharas y jarros. Pronto encontraron camino hacia las láminas de cartón del techo. No había tiempo para avisar a mi mamá, no había tiempo que perder. Solo pensé en mi hermanita, allá en su camita llorando desesperada por el calor de las llamaradas. No sé cómo me trepé a la máquina de coser, alcancé la frágil hamaca para sacar y jalar a la pequeña y así, con ella en los brazos salí despavorida para salvarnos de las flamas.

Los vecinos salieron de todos lados con baldes, cubetas y mangueras y con mucha agua sofocaron el fuego. Alguien fue a avisarle a mi papá que su casa se estaba quemando; pronto llegó angustiado en su bicicleta. Yo salí a encontrarlo con mi hermanita en los brazos muy orgullosa de mi hazaña, ya que los vecinos me abrazaban y me palmeaban la espalda.

"¡Oh, qué niña tan valiente! Mira cómo salvó a su hermanita. ¿Cómo lo hizo? ¡Sí qué valiente!", decían con admiración.

Mi papá no sabía que su primogénita se había portado como una heroína. Solo estaba preocupado por su casa.

Brincó de su bicicleta, con aflicción en sus ojos. Todos lo miraban, solícitos y apenados.

Él miraba a todos—a todos, menos a mí.

CAPÍTULO 6

Después del gran susto, la pequeña casa tuvo que ser remodelada. Fue necesario poner nuevas láminas de cartón en el tejado.

Lo curioso fue que la cama que colgaba del techo sobrevivió a las llamas, solo una parte de las patas salió chamuscada con el incendio, pero seguía en pie cuando mi papá la descolgó para revisarla.

El futuro lecho, que ahora era solamente un armazón de madera, volvió a su espacio arriba, parecía flotar, pero estaba bien amarrado de las vigas. Ese bastidor rectangular, tenía, alrededor unas hendiduras, pero no como decoración, aunque se veían bonitas, eran para sostener el mecate que mi papá entretejió pasando de lado a lado, primero a lo largo y luego a lo ancho, pasando el laso abajo y luego arriba, hasta que quedó todo tejido como una gran hamaca estirada. Eso lo hizo ya cuando estábamos listos para salir de esa casita.

Mi papá seguía ahorrando y buscando un pedazo de tierra donde poder construir nuestra propia vivienda. ¡Ya era urgente!

Al fin, un día de esos, ¡llegó contento y feliz anunciando que ya tenía el terreno!

Allá, por las orillas del pueblo, rumbo al lago de Texcoco, donde en la lejanía se divisaban los majestuosos ahuehuetes, (árboles legendarios, enormes y frondosos); sí, allí estaba el tan esperado y nada atractivo espacio. Cerca del lote había una horrorosa barranca, en la que, según decían, espantaban en las noches de luna llena. (¡Ay, qué miedo!) Mientras que mamá y papá lo miraban ilusionados, yo la verdad, estaba medio aterrada y decepcionada.

Después de la impresión de ver aquel lugar tan inhóspito, lleno de espinas y piedras donde íbamos a construir nuestra casa, me empecé a emocionar cuando mi papá me dijo, con sus ojos brillando de contento: "tú, hijita, vas a ser mi ayudante, mi peón. ¡Mañana empezamos con los adobes!"

Qué feliz regresaba yo de la escuela sabiendo que mi papá pronto llegaría del trabajo y nos iríamos al terreno para hacer adobes para construir nuestra propia casa.

Perdí la cuenta de cuántos de estos bloques de lodo ya teníamos. Todos los días, mi pregunta era: "¿Ya mero, papi? Ya son muchotes adobes"

"Faltan todavía, mijita. No son suficientes aún"

Día a día seguíamos con la faena. Yo contaba ya más de cien adobes. Aún eran pocos.

Finalmente, un día calculó que ya podía empezar con el diseño. Para tal efecto, me pidió un cartón y un lápiz para dibujar. Caminaba de aquí para allá y regresaba. Se paraba en un punto y miraba. Se detenía en otro espacio. Así recuerdo a mi papi, muy enfocado en el diseño de la casa. Por fin, trazó las figuras para lo que iba a ser nuestra casa. Cuando decidió dónde empezar a excavar para los cimientos, tomó su zapapico y su pala mientras canturreaba una canción. Yo miraba, sonreía y cantaba con él; *Qué milagro chaparrita, ya hace días que no nos vemos... dentro de poquito tiempo por aquí nos miraremos, y si no, nos escribemos...* (una canción que solo con él he escuchado).

El rectángulo excavado en el terreno estaba dividido en dos: una lo que iba a ser la recámara y la otra destinada a la sala-comedor-cocina.

Poner la primera piedra llega a ser un acto solemne con amigos y compadres. Tal vez, brindar con un trago de pulque. *Felicidades compadrito. Felicidades compa, y a echarle ganas que viene lo duro y luego lo maduro.*

Esto ya es otro nivel y, en ese punto, empiezan los gastos aún más fuertes.

Para tal efecto, ya mis padres habían estado guardando el dinero.

La primera piedra.

El ángulo perfecto.

La piedra angular que iba a sostener la vivienda. De ella depende la fortaleza de la casa.

En medio de la construcción se levantó una cruz que bendiciendo la obra. El 3 de mayo hacen una fiesta para celebrar el día de la Santa Cruz, día de los albañiles.

Al ir elevando las sólidas paredes, poco a poco, pero más pronto que cuando hicimos los adobes, mi trabajo era ir poniendo pedacitos de piedra entre adobe y adobe cuando el lodo estaba todavía fresco; sí, también se usa lodo para pegarlos. Adobe sobre adobe, así fueron creciendo las paredes hasta que quedaron altas y firmes. Mi papá decía que eso de meterle piedritas, no era solamente decoración, también era para darle más consistencia a la construcción. Fue tan rápido que no podía creer cuando vi ya los cuartos terminados. Solo faltaba el techo. Esta vez no sería de láminas de cartón.

De primera fuente

CAPÍTULO 7

(Obra para ser actuada. Padre e hija y un narrador.)

En un pueblo de México cerca de las pirámides de Teotihuacán, una familia llegada de Chiapas, vive en una casa prestada. Poco a poco van construyendo su propia vivienda en un terreno inhóspito lleno de piedras y espinas, ¡en una barranca donde decían que espantaban! ¡Ay, qué miedo!

La niña llega corriendo de la escuela, emocionada porque ayudará a papi a hacer adobes para algún día construir su casa:

Hija: Hola, papi.
Padre: Hola mijita.
Hija: ¿Ya nos vamos a hacer los adobes?
Padre: Primero comes, y haces tu tarea.
Hija: ¡¡No tengo tarea hoy papi!!
Padre: Ah, ¿sí? Pues entonces haces unas planas con palabras que llevan "r." Pues parece que todavía no te las aprendes
Hija: Está bien, papi, sí ya sé que no me las he podido aprender, hasta mi mami se desesperó y me jaló las trenzas y luego yo me frustré al no distinguir entre rio, ríe, rosa y risa. `

La niña lloraba al pronunciar la palabra "risa" y la mamá al fin se divirtió con su oxímoron, llorando y repitiendo "risa".

Padre: Ya vamos hijita. ¿Ya hiciste tus planas?
Hija: Sí, papi; ¿y está muy lejos donde compraste el terreno para nuestra casa?
Padre: Un poco lejos, está a las orillas del pueblo; no hay muchas casas allá todavía.

Padre e hija caminan un buen tramo. Papá se detiene y muestra un lote disparejo y lleno de piedras.

Padre: Mira, hijita aquí es. Ésta es la tierra donde construiremos nuestra casita

Hija: Mi mami lo único que pide es una gran ventana donde ella se pueda asomar en las mañanas a darle los buenos días al sol.

Padre: ¡¡¡Claro que sí mi niña, nuestra casa tendrá una hermosa ventana!!!

Hija: Pero papi, ¿cómo vas a construir un a casa de la nada? Aquí solo hay tierra y piedras.

Padre: Pues eso es todo lo que necesitamos por ahora. Y aquí, con esta pala y este pico empezaremos a trabajar. Toma esta cubeta y me traes agua de aquella poza, no está tan profunda, pero de todos modos ten mucho cuidado. Los pozos sí son muy hondos, pero ahora con esa poza nos alcanza para hacer los adobes. Con mi pala y el pico aflojaré la tierra, hago un gran hoyo y con la tierra suelta y el agua que me traes hago el lodo.

Hija: Pero, papi, ¿por qué bailas sobre el lodo? ¡¡Ay, mira, parece la masa morena para las tortillas que hace mami!!

Padre: No, mi'ja, no bailo. Estoy batiendo el lodo. Ya cuando esté bien revuelta la tierra con el agua, ya podemos vaciarla en el molde de madera.

Hija: ¿Este molde que parece dos enormes rectángulos, como para galletas gigantes, papi?

Padre: Antes de vaciar el lodo sobre los moldes, tenemos que ponerle un poco de pasto seco o paja, para que amarre bien, pa que amacice. ¿Lista?

Hija: ¡¡Lista, papi!! ¡¡Mira, los adobes!! Sacas el molde y allí quedan, un par, y otro par. Hasta que termines tu lodo. Y luego haces más.

Padre: Sí, mijita, y cuando se sequen con los rayos del buen sol, tu trabajo será voltearlos para que se sequen del otro lado.

Hija: Me encanta ayudarte, papi. En cuanto salgo de la escuela vengo corriendo a casa y espero con ansia que **tú** llegues para seguir haciendo más adobes. Me

	gusta verte bailar sobre el lodo mientras yo voy por más agua.
Padre:	Mira, mi niña, ya llevamos más de cien adobes, ¡¡pronto empezaremos a construir nuestra casita!!
Hija:	Papi, no olvides dejar el hueco para la ventana de mami. Mira, mira, ya son muchos adobes secos, los tengo bien formaditos como soldaditos.
Padre:	Sí, mijita, pronto empezamos a levantar las paredes, pero primero los cimientos. Tengo que seguir excavando, esta vez líneas rectas y paralelas hasta formar lo que será la base para la casa. Con piedras y cemento haremos el cimiento. Tendré que hacer más lodo para pegar los adobes uno arriba del otro. Así que, mi nena, a traer más agua de la poza.
Hija:	¡Increíble, papi, como vas formando las paredes! ¡Estoy tan emocionada que ya le veo forma de casa!
Padre:	Mira, mi'ja, en cada esquina se ponen los pilares hechos de varilla y alambres para después rellenarlos con mezcla de cemento y grava. ¡Así ningún ventarrón podrá tumbar nuestra casa!
Hija:	¿Y el techo, papi? ¿Cómo le vas a hacer para que no se nos caiga encima cuando estemos durmiendo?
Padre:	He guardado mi dinero, hijita, para comprar las varillas. Es lo más caro. Se entretejen arriba; luego se bañan con más mezcla de cemento y grava, ¡¡así hasta podrás zapatear en el techo, mamita!!
Hija:	Qué hermosa la ventana, papi. A mami le va a encantar, y nosotros ya podremos decir, "pasen a mi casa que es de ustedes. Mi casa, es su casa".

De primera fuente

CAPÍTULO 8

La nueva residencia poco a poco iba tomando forma.

Mientras, en la casita chamuscada, mi hermanita Klelia dejaba el lugar de bebita para dar la bienvenida a la chiquita Feliza. ¡Ya éramos cinco, cuatro hermanitas y un hermanito!

La ex bebé se puso bien *chipil*. Moqueaba y lloraba por todo, a pesar de que mi hermana Lex y yo la consentíamos tanto, llenándola de atenciones. Se hizo berrinchuda, y solo con mimos se calmaba. Si no la llevaba conmigo a los mandados, llorando se tiraba en el piso. No había más remedio que complacerla.

La rutina era así: Lex y yo en la escuela, mi papá en el trabajo en Chapingo y por las tardes córrele a seguirle con la obra de construcción de nuestra casa propia, y mi mami cuidando de su jardín de niños.

A veces mi papá llegaba cargando unos rollos blancos amarrados con una liga, como papeles muy importantes. Nos decía que no los abriéramos. Era una sorpresa para cuando nos mudáramos a nuestra casa que ya casi quedaba. Paciencia, paciencia.

Los misteriosos rollos se quedaron guardados debajo de la cama. Y cada vez traía más. Y nosotros teníamos que restringir nuestra curiosidad porque éramos muy obedientes. ¡Él dijo que no los abriéramos, y no lo hicimos!

¡Llegó el día en que vimos las paredes de la nueva casa completas! Ya solo faltaba el paso final: el techo, que era el gasto mayor.

Muchas casas en el pueblo se quedaban por tiempo indefinido con la construcción a medias. Solo el cascarón. Solo las paredes. Poner el tejado se requiere de mucho cemento y varillas de acero. También, para cada esquina se necesitan de esas varillas, para construir los pilares que sostienen el techo, y más pisos arriba cuando se construyen casas de varios niveles.

Mi papá había sacado un préstamo (le llamaban *pensiones*) para comprar ese material. Ese dinero lo descontaban poco a poco de su sueldo, de su quincena. Cuando terminaba de pagar iba por otro.

Entonces, los solicitaba y, cuando eran aprobados, se iba a la ciudad y regresaba con una buena cantidad en efectivo.

Sintiéndose rico, a veces compraba algo especial como aquella vez que llegó con un radio y, como ya teníamos corriente eléctrica, lo conectó a la pared y pudimos escuchar música, noticias, radionovelas y muchos comerciales. En ese, nuestro primer radio *Majestic*, escuchamos la terrible noticia de que habían matado al presidente Kennedy. Mi mamá hasta lloró. Nosotros no sabíamos quién era.

En otra ocasión que fue a *pensiones*, llegó con una bicicleta nueva que pronto le robaron, y después se compró otra, que también le robaron.

Otra vez que fue por dinero, llegó a la casa con algo delicioso que jamás habíamos probado: un trozo grande de queso de puerco. Ya era un poco tarde cuando entró a la casa con semejante manjar. Al oírlo llegar, nos emocionamos y nos levantamos, porque ya nos íbamos a dormir, y comimos pedazo tras pedazo. Mi pobre estómago, no acostumbrado a tanta grasa, pronto se descontroló. Al poco rato de ingerir tanta carne, casi sacaba las tripas por tanto vómito. Por muchos años, el queso de puerco yo no lo podía ni oler porque me daba náuseas.

En esta ocasión, mi papá no trajo nada especial ya que todo el dinero era para el material con el que terminaría nuestra morada. Dado que era riesgoso dejar todas las compras a la intemperie en la casa sin puertas, mi papá decidió que nos fuéramos a dormir allá para cuidarlas y no dar tentación a ningún amigo de lo ajeno.

Preparamos el lecho con cartones y papel periódico. Llevamos las almohadas y cobijas y dormimos bajo un cielo azul tupido de estrellitas y alumbrados por la luna. ¡Qué hermosura! Para qué queríamos techo si teníamos el mejor espectáculo con la creación de Dios.

Al otro día, muy temprano llegaron los amigos, vecinos y compadres para echar montón y realizar el trabajo más difícil y costoso en la construcción de la vivienda. Para esto ya mi papá había puesto los pilares con las varillas: cuatro en cada esquina, ligados con alambre y forrados con papel para que, a la hora de echar la mezcla, no se escurriera. "Esto es lo que sostendrá la casa y aunque haya un temblor, no se caerá, mijita", me decía mientras los amarraba bien.

En el techo, mi papá también había preparado un entretejido de varillas. De lado a lado y, con las bolsas de cemento que ya había vaciado, lo cubrió todo; ya solo esperando el colado. Ahí es donde los ayudantes se pusieron a trabajar como hormiguitas: unos, a batir la mezcla de cemento, grava, arena y agua; otros a llevarla en botes y vaciarla arriba: todo muy pronto, porque si no, la mezcla se seca. Yo veía a los hombres moverse rápidamente. Unos subían escaleras con los botes llenos mientras otros recibían los vacíos para llenarlos de nuevo, para cubrir primeramente los pilares, luego el techo hasta quedar todo cubierto, y a esperar que se secara y que no lloviera.

¡Listo, Calixto! Dijeron, limpiándose el sudor, cuando terminaron; los esperaba un rico almuerzo con tacos de chicharrón, tortillas recién salidas del comal, salsa molcajeteada y un rico y nutritivo pulque. Fue una buena recompensa.

Ya solamente faltaban la puerta y la ventana. Para esto, mi papá había dejado los huecos correspondientes.

La puerta que instaló, tan fuerte, tan maciza, ha resistido más de medio siglo abriendo y cerrando. Bendiciendo al entrar. Bendiciendo al salir.

La ventana, tal como mi mami la quería, se abría por las mañanas de par en par, para responder al saludo del tibio sol. *Todas las mañanas que entra por mi ventana el Señor Sol. Doy gracias a Dios por otro día más.* Juan Gabriel todavía no componía esta linda canción, pero queda bien aquí.

¡Llegó el día de la mudanza! Mi mamá, con su jardín de niños, iba de lujo con su bodoquito bonito en los brazos: mi hermanita Feliza ya había nacido.

Llevamos nuestros escasos muebles. Estrenamos una (nueva para nosotros) estufa de gas que mi tía nos había obsequiado. Recuerdo que mi mamá seguía haciendo sus tortillas en lumbre de leña. Al lado de la casa nueva mi papá construyó la cocina con su buen fogón. No podía faltar el pozo, ya que no teníamos agua entubada. Ese pozo fue de gran ayuda también para muchos vecinos, ya que, cuando escaseaba el agua potable, hasta allá llegaban con sus baldes y cubetas para surtirse del preciado líquido.

Era maravilloso ver cómo se llenaba cubeta tras cubeta, hasta que ya salía puro lodo. ¡El milagro se daba al otro día! Nueva agua: rica, limpia, cristalina. (El pozo ahí está, para cuando ustedes gusten agua pura).

En nuestra nueva casa ya estaba el lugar para la cama que por mucho tiempo esperó colgando del techo del antiguo hogar. Al fin vimos el lecho terminado solamente con el laso que, de lado a lado, pasándolo de abajo arriba y de arriba abajo, hizo las veces de colchón. Nos acomodamos a lo largo, ya que así cabíamos las cuatro: Lex y yo en las orillas y Lelis y Lichita en medio.

La primera noche, yo no me fui a dormir pronto como todos los demás. Yo le ayudaba a mi papá a desempacar. "Ahora sí, mijita, tráete los rollos esos que he estado guardando para este día", me pidió, lleno de contento.

Yo, más rápido que pronto, traje la caja con las bien resguardadas reliquias. Ni idea de lo que eran. Mi papá, con martillo y clavos en la mano: "Pásame uno", me ordenó extendiendo la mano. Yo, con la curiosidad cosquilleando tomé el primer rollo y lo abrí. Mis ojos asombrados vieron la más hermosa visión: una muchacha muy bonita con un cuello enorme. "Mira, papi, una pescuezona". "Sí, mijita, y hay más".

Enseguida, otro rollo quedó clavado en la pared, decorando la sala. Esta vez era un bello paisaje, que le hizo compañía a la pescuezona. Luego, otro rollo, otra muchacha igualita. Después otro, una nena con unos pollitos. Uno más. ¡Oh sorpresa, la misma muchacha! Parece que a mi papá le vendieron o le regalaron un montón de calendarios con la misma fotografía. No importaba el año. No eran para ver la fecha. Eran solamente para decorar nuestra nueva mansión, que olía a tierra mojada, cemento fresco y sol.

Noté que al pie de cada poster tenía escrito un título. Como ya sabía yo descifrar las letras, me acerqué bien para leer; así aprendí que aquella rubia bonita de cuello erguido se llamaba Marilyn Monroe.

A la mañana siguiente, la familia encontró todas las paredes decoradas con calendarios de distintos diseños como si fuera un show de arte. La Marilyn aparecía repetida varias veces. Mi mamá preguntó: "¿y ora porque tantas caras con la misma pescuezona?".

Así empezamos con las vivencias de los que ahora son recuerdos en nuestra casa de Boyeros.

Todavía olía a nuevo cuando mi mamá se ausentó otra vez y regresó con nuestra hermanita Sary.

Pasaron otros dos años cuando esas paredes le dieron la bienvenida a la chiquita Lulú.

De primera fuente

CAPÍTULO 9

Teníamos mucho espacio para jugar y corretear. Descubrimos que atrás de la casa, podíamos jugar con la tierra mojada. Después de llover, quedaba tan moldeable como para formar figuritas de lodo. Qué lindos aquellos jarritos miniatura, aquellas cazuelitas, unas ollas hondas como para el mole, otras planas como para el arroz. Ollas para los frijoles y hasta platos para comer, comida de a mentiritas. Después de formar aquella vajilla, íbamos con mi mamá a la cocina donde ella estaba echando tortillas al comal; allí poníamos nuestros trastecitos a secar. Qué felices éramos, ni sabíamos que éramos pobres, que los juguetes se compraban en las tiendas ni que existía un tal Santa Claus, ni televisión. Vivíamos libres de comerciales que te invitan a comprar y consumir.

A veces, nos íbamos *allá abajo* por un camino terregoso, a recoger tejocotes y capulines por donde llevaban las vacas a pastar. O nos íbamos de día de campo a los ahuehuetes. No había más casas. Fuimos los primeros en construir en ese espacio. Mi mamá sembraba milpa en el pedazo de tierra alrededor de la casa. Cuando la milpa se empezaba a agüitar por falta de lluvia, la regábamos planta por planta, cada hermanito se ocupaba con un botecito mientras yo sacaba agua del pozo, hasta exprimir la última gota, sabiendo que milagrosamente al otro día tendría agua nueva.

Mi mamá sabía las ciencias de la agricultura, el conocimiento de nuestros ancestros. Con una pala hacía el hoyo para sembrar el maíz. Al lado sembraba un par de frijoles o semillas de calabaza. Así cuando la milpa aparecía, al lado se iba enredando la planta de frijol y los ejotes colgaban a gusto, en lugar de extenderse por la tierra. A la hora de cortarlos era más cómodo jalarlos de la vaina que buscarlos en el suelo. La calabaza si se extendía a sus anchas, por donde le daba la gana. Sin embargo, buscar calabacitas en medio de la milpa no era nada difícil. También sembraba papas. En tiempos de cosecha disfrutábamos de unos deliciosos y nutritivos caldos de verdura. Decía mi mamá:

"hoy les voy a preparar un riquísimo caldo de res sin res" (sin carne).

Poco a poco el barrio se fue llenando de vecinos. Primero le construyeron su casa a Doña Salomé, cuñada de la maestra Sabina. Su casa quedó más cerca del barranco que la de nosotros.

Todavía podíamos ver los ahuehuetes, allá, no muy lejos por donde entraba el camión de pasajeros que llegaba al pueblo dos veces al día, una vez en la mañana, cuando se llevaba toda la chiquillada a la escuela secundaria en Texcoco, y la segunda vez de regreso con ellos, además de la gente que iba a sus asuntos o *al mandado* (todo para la comida y la casa) a la ciudad. Mi mamá divisaba el autobús y decía, "mira, ya van a ser las tres, ya mero llega tu papá. El camión es mi reloj".

Un día, cuando nosotros estábamos comiendo nuestros deliciosos frijoles de la olla con salsa, chiles picados con cebolla y limón (chilito con limón) y tortillas recién salidas del comal, llegó una de las hijas de doña Salomé que solía venir a ofrecer maíz: "¿dice mi mamá que si no va a querer unos cuartillos de maíz?" La niña y se quedó parada en el umbral de la puerta. Se nos quedó mirando mientras esperaba la respuesta de mi mamá. "Si tráeme dos cuartillos". Dijo mi mami mientras saboreaba su platillo. Pero la niña no se iba. Entonces, mi mamá partió una tortilla en dos. La remojó en el caldo de frijoles y se la dio a la chiquilla, que la tomó y saboreó con gusto. Platicamos Lex y yo que, aunque nosotras estábamos disfrutando no solo de un bocado sino de todo el plato de frijoles, lo que se nos antojaba era aquel pedazo de tortilla que le dieron a la niña. Entonces tomamos una, la partimos a la mitad, la remojamos en frijoles, pero no sé por qué en nuestras caras no se reflejaba aquel gusto que vimos en la hija de doña Salomé. Tal vez lo que teníamos que hacer era pararnos en el umbral de la puerta y saborear el bocado antes de comerlo.

La barranca de atrás de la casa, donde decían que espantaban en noches de luna llena, iba desapareciendo. Construyeron casas ahí también. Unas casas bonitas, lujosas, de ladrillo y tabicón, no de adobe como la de nosotros. Había mansiones de dos pisos; aunque la de nosotros no le pedía nada a esas residencias. Mi papá también construyó otro piso arriba de nuestra casa de adobe. Para eso había dejado las varillas de acero sobrantes en cada esquina arriba de la casa que, a la vez, (decía mi papá) servían de *pararrayos*. Entonces no nos teníamos que preocupar cuando en las grandes tormentas relampagueaban los rayos y centellas. Nosotros estábamos protegidos.

Las casas aumentaban alrededor de la nuestra. El pueblo se fue extendiendo. Cruzando la calle, frente a nuestro domicilio, se estableció don Lolo. Su propiedad era más grande y le hizo una gran barda. Al otro lado abrió una tienda de abarrotes, ahí es donde nos surtíamos de todo lo que necesitábamos y doña Simonita, su esposa era la que nos atendía. Nunca llevábamos dinero en efectivo; pagábamos con tarjeta de crédito, que en aquel tiempo era una libretita pequeña donde iba apuntando lo que nos fiaba. Que si un litro de aceite, que si un kilo de frijol y otro de arroz, que si jabón, etcétera, etcétera. Al llegar la quincena, cuando mi papá traía el dinero, mi mamá iba a abonar. Sí, a abonar una parte, porque nunca alcanzaba para pagar todo. Menos mal que, a diferencia de la tarjeta de crédito, don Lolo y doña Simonita no cobraban interés en el restante del dinero; simplemente, agregaban a esa cantidad a la futura deuda que se iba formando a partir de ese día. Sin esa libretita no habríamos comido.

A nuestro vecindario se agregó también Aurelia. Ella era hija de doña Paula, esposa del *Centavo*. Nunca supe su verdadero nombre ya que siempre se le conoció como El *Centavo*, por chaparrito y *shirgo* (malnutrido). No tuvo hijos varones, solo hembritas. Que se les conocía como las *Centavas*. Cuando Aurelia se casó, ella y su esposo se construyeron una de esas casas lujosas, ya casi en la esquina del pueblo, por donde pasaba el camión. Nos quitaron la vista de los ahuehuetes y ya no podíamos ver llegar el autobús a las tres de la tarde.

Aurelia y su esposo salieron con la novedad de que traían una gran bocina, la cual, la gente alquilaba para escuchar las mañanitas con sus festejados. Entonces y de repente, algunas madrugadas tranquilas eran interrumpidas ruidosamente. El sonido se escuchaba en todo el pueblo. Que se supiera que hoy era el cumpleaños de fulanito/a y que su familia tenía dinero para pagar unas mañanitas con bocina. *En la fresca y perfumada, mañanita de tu santo, recibe mi bien amada la dulzura de mi canto y encontrarás en tu mesa un fresco ramo de flores, que mi corazón te deja, chinita de mis amores. Estas son las mañanitas…*

Nuestra comunidad se llenó de vecinos. La barranca se transformó. De pronto, como flores en primavera, brotaron casas altas y bonitas.

CAPÍTULO 10

El piso de nuestra nueva casa no era de tierra. No sufríamos de las pulgas que brotan del suelo para hacernos sufrir con sus picaduras.

Teníamos el lujo de un piso brillante. Mi papá bien podría haber sido ingeniero, arquitecto, diseñador y plomero entre otros oficios. Todavía me sorprendo al recordar cómo construyó la casa: la pensó y la diseñó; cada rincón, cada espacio, y luego el lujo del piso. Lo hizo con mezcla de la que usó para el techo y los pilares; la extendió por toda la superficie en los dos cuartos, usó un nivel para asegurarse que quedara bien parejito. Con una llana, así se llama la herramienta para alisar después de echar la mezcla. Alisó el piso hasta que quedó tan suave y sin ningún borde, como una hoja de papel. Cuando estuvo completamente plano, pero aún fresco, le agregó pintura para darle color. ¡Mi papi aún más! Tomó una regla para medir cuadros del mismo tamaño y marcó esos cuadros para dar semejanza a un piso de mosaicos de color bonito. Qué genial. ¡Después de más de 60 años el color de ese piso perdura!

En mis recuerdos veo a mi papi en cuclillas con sus herramientas dibujando las rallas que abrían de dar la apariencia de lujo en el piso color de otoño.

En la recámara quedó la cama donde dormían mis padres y la bebé. Al lado la cuna que ahora sí la ocupaba mi hermanito Fidel, teníamos un gran baúl donde se guardaban los papeles importantes, me pregunto cómo lo trajeron hasta acá, desde Chiapas. Estaba enorme, del tamaño de la misma cuna. Al otro extremo de la recamara, acomodaron la famosa cama colgante, ya con su entretejido de laso de lado a lado que con el paso del tiempo se gastaba y se rompía, pero pronto mi papá lo remendaba con más mecates.

Todavía no teníamos corriente eléctrica, mi papá tenía la vela de cera cerca para alumbrarnos, porque de repente en la tranquilidad de la noche, mientras dormíamos se escuchaba: "Papi, prende la luz que voy a orinar". "Sí, hijita", contestaba con voz somnolienta, y pronto, encendía un cerillo y prendía la vela. Salíamos a hacer nuestra necesidad. Para eso teníamos un recipiente llamado *bacinica*, a falta de baño adentro. A veces, recién la había apagado, cuando se oía otra vez: "Papi, prende la luz que voy a orinar".

Nunca lo escuché enojado o cansado de prender y apagar la vela. ¡Qué paciente!

Antes de irnos a dormir, ya todos acomodados en nuestros respectivos espacios, cubiertos con las cobijas y sábanas, debíamos recitar una oración que mi mamá nos enseñó: "En el nombre de Dios y María Santísima, amén. Buenas noches, hasta mañana, mamita. – buenas noches, hija".

"Buenas noches, hasta mañana, papito".

"Buenas noches, hija".

Así nos despedíamos todos. Un día, a mi mamá se le hizo corta la oración aprendida. Entonces le agregó, "Que Dios nos eche su bendición, amén. ¡Dos veces decíamos amén! Porque quedó así: "En el nombre de Dios y María Santísima, amén. Que Dios nos eche su bendición amén. Buenas noches hasta mañana, mamita. Buenas noches hasta mañana, papito".

Acomodaditas, en la tan esperada cama las cuatro hermanitas, con Lex y yo a las orillas, se me ocurrió masajearnos los cansados y maltratados pies por andar todo el día sin zapatos. Para esto, ya cuando la vela se había apagado, susurraba a Lex: *pásame tu pie*. A lo que ella obediente me lo pasaba encima de las dos hermanitas profundamente dormidas que no sentían el peso de la pierna sobre ellas. Entonces, comenzando por los deditos, les daba una frotadita con tronadita a cada uno. A eso le llamábamos *dedito*. Después de masajear la cabecita de cada dedo seguía el *ganchito*. Este consistía en limpiar cada espacio entre dedo y dedo de los pies, sacando la tierrita y humedad acumulada, de andar todo el día descalzas en la tierra, charcos y piedras. Luego, seguían las uñas. Le sacábamos toda la *mugrita* del rededor a cada una (¡qué delicia!). Seguía con el rasposo y cuarteado talón, al que le daba vigorosos apretones; seguía con el tobillo, como pellizcando el huesito. Y Lex disfrutaba y, sobre todo, aprendía porque luego era mi turno. Después del tobillo, una frotada por las pantorrillas (chamorro), para terminar con las rodillas. Yo le masajeaba los pies a Lex rapidito, muy firme, en cambio ella se tomaba su tiempo, lenta y suavemente. De pronto se empezaba a quedar dormida y yo le daba paraditas para que terminara con toda la rutina. "Ahí te va el otro pie. Todavía no acabas." En nuestra inventiva, llamamos *pie* a ese masaje nocturno entre hermanas.

De pronto se escuchaba la voz de mi papá. "¡Ya, cállense! Ustedes que tanto cuchichean. ¡Ya duérmanse!".

Esa costumbre de hacernos pie se quedó en la familia. Hasta se podía negociar con ese masaje. "Si me lavas mis trastes te hago pie. ¡Por favor, mata esa araña! ¿Cuántos pies me haces si la mato?".

Un regalo para cualquiera de nosotros es que nos hagan *pie*. O uno pide su limosnita: "Anda, hazme *pie*".

¡Lo que daría yo para que alguien me hiciera *pie* ahora mismo!

Así eran las noches en esa cama llena de chamacas. Luego al amanecer, al *quiacer*—mucho que hacer.

En esta nueva casa, nos dimos el lujo de tener dos lavaderos: uno para lavar ropa y otro para lavar trastes, divididos por una enorme pileta, siempre llena de agua. Cerca del pozo, mi papá construyó otra pileta. Ésta era muy práctica ya que al sacar el agua era muy fácil vaciarla allí.

Frente a los lavaderos vimos crecer un árbol que mi papá y yo plantamos, siendo apenas una rama, como dice Alberto Cortez en su canción.

Mi hermanita Lex y yo tenemos una bonita fotografía con un columpio colgando de una fuerte rama de ese árbol.

"Mi árbol y yo"
de Alberto Cortez

Mi madre y yo lo plantamos
En el límite del patio
Donde termina la casa
Fue mi padre quien lo trajo
Yo tenía cinco años
Y era apenas una rama

Al llegar la primavera
Abonamos bien la tierra
Y lo cubrimos de agua
Con trocitos de madera
Hicimos una barrera
Para que no se dañara

Mi árbol brotó
Mi infancia pasó
Y hoy bajo su sombra
Que tanto creció
Tenemos recuerdos
Mi árbol y yo...

CAPÍTULO 11

No sé cuánto tiempo pasó hasta que ya tuvimos corriente eléctrica. En el radio de los vecinos, yo escuchaba unas canciones que me gustaban. Salía a caminar por las bardas atrás de la casa y escuchaba la canción de *Cielo Rojo*, con Flor Silvestre. Me aprendí también la canción de *Tú, solo tú* con Pedro Infante, popularizada en nuestra época por Linda Ronstadt en *Canciones de mi padre*.

Entonces, cuando al fin nos trajeron los postes con todos los alambres que llegaban a las casas del nuevo vecindario, fue una gran alegría. Guardamos las velas. Instalaron los focos que, bajando y subiendo un pequeño apagador, se iluminaban increíblemente la casa. Como al amanecer el sol.

Mi papá fue a *pensiones* y trajo nuestro propio radio. Me fascinaba el diseño de su marca *Majestic*. Con mi dedo, trazaba en el aire las letras del logo, enfocada en el sonido de las sílabas: *ma*, *jes*, *tic*.

Ya no tenía que quedarme leyendo el libro de las *Mil y una noches*, aunque era muy emocionante, pero era más divertido escuchar los programas en el aparato eléctrico. Lamentablemente, muy seguido se le fundían los bulbos y, como nosotros no sabíamos cambiarlos, íbamos con el hijo de don Exiquio que tenía allí acumulados varios radios y siempre estaba ocupado arreglando aquellos artefactos. Teníamos que esperar nuestro turno, lo que era desesperante, ya que la novela se había quedado en suspenso. Esperábamos con ansias los lunes a las 9 de la noche porque ese día pasaban la hora del *Risámetro*, con tres cómicos que decían chistes. Uno de ellos era el indio Tepuja Régulo; otro era Luis Pérez Vélez, este era (según yo) el más chistoso. Y el otro era *misterkely* (Mister Kelly). Entre los tres nos tenían risa y risa. El público enviaba los chistes por correo.

El Indio Tepuja, leyó este: "un compadre estaba demandando a su compadre porque le había robado su virgencita". El acusado le dijo al Juez, "no, *siñor* juez, yo no *li* robé nada a mi compadrito. *Pos* yo *li* dije cuando *mi* despedí de su casa: bueno, *compadritu*, ya *mi* voy. Ay *si* queda *usté* con Diosito, que yo *mi* voy con la virgencita. Así que yo *li* dije. Que me la llevaba y él no me dijo nada. No es robo, yo *li* avisé". Ese era el chiste y ponían risas grabadas. En ese entonces creíamos que allí estaba un montón de gente en el *Risámetro*, aplaudiendo y riendo.

Otro programa era *Apaga la luz y escucha*, con la voz de miedo de Carlos López Moctezuma. Ese era de cuentos espantosos y hasta la música era de terror: un hombre iba caminando y vio una dama muy llamativa que le dijo "ven" y él la siguió. Ella llevaba la cabeza cubierta con un velo, no se le veía la cara. Ella caminaba y él la seguía hipnotizado por su cuerpo hermoso y su manera de andar cadencioso. De pronto, se dio cuenta que estaban en el panteón, cuando ella se volteó para ver. ¡Horror, era la muerte! (La calaca tilica y flaca).

Durante el día, la gente grande escuchaba música en *Radio L Z*, canciones como *El puente roto* con Irma Serrano: *Olvídate de todo menos de mí*, de José Alfredo Jiménez, con Lucha Villa; *El caballo blanco* y otras rancheras que me aburrían.

Yo pedía permiso para cambiarle de estación al radio. En *Radio mil y Radio variedades* ponían música con cantantes del rock & rol: Angélica María, Rocío Dúrcal, Enrique Guzmán, César Costa, Manolo Muñoz, Palito Ortega, Alberto Vázquez, Leo Dan y otros de moda. Recientemente, me decepcioné al descubrir que ellos no eran los cantantes originales de esos éxitos. Muchas canciones fueron *covers*. Hasta *Eddy Eddy*, mi canción favorita, también es un ¡*cover!*

En la escuela, la muchachada bailaba música go-go, yo aprendí los pasos y en la casa bailaba sola.

Mi mamá escuchaba radionovelas mientras remendaba pantalones ajenos. Las vecinas le llevaban ropa para que ella con su máquina de coser se los dejara listos para otra jornada. Les cobraba, que 50 centavos, que 80 centavos. Nunca la escuché cobrar más de un peso. Creo que les cobraba muy barato. De un pantalón viejo sacaba parches y se los ponía a otros menos viejos. Nosotras bordábamos fundas o servilletas mientras la novela se ponía dramática.

Entre mi amor y mi conciencia, se llamaba una; otra era: *Dicha prestada*

Todos los días a las 8 de la noche escuchábamos *Chucho El Roto*. Cuando se acabó esa radio novela, empezó Porfirio Cadena, *El ojo de vidrio*. En esta novela los actores hablaban con acento norteño, en lugar de chamaco o niño decían *huerco, pos,* en vez de pues. Se escuchaban los galopes de los caballos y disparos de pistolas. Siempre mataban a Porfirio, pero en el siguiente episodio, revivía, no había muerto; se las ingeniaba para salir vivo. Aunque era de ficción esa radionovela, fue inspirada en la vida real del *Ojo de vidrio*, al igual que *Chucho el Roto*, que fue famoso porque se hizo pasar por muerto para escapar de la prisión San Juan Ulúa. Jesus Arriaga, el verdadero nombre de Chucho El Roto, era un ladrón que robaba a los ricos para darle a los pobres, el querido Robin Hood mexicano.

Muy interesante y entretenida la programación de la XEW. Ahí nos tenían pegaditas al radio.

Mi favorita de favoritas, la que me tenía cautivada, que hasta creí que de verdad existía, era el gran Kaliman: ¡caballero con los hombres, galante con las mujeres, tierno con los niños, implacable con los malvados, así es... Kaliman, el hombre increible! Con su inseparable amiguito Solín que era mi novio, pero nadie lo sabía. En uno de sus episodios Kalimán llegó a la selva lacandona. Aventuraba por Bonampak. ¡Yo super emocionada que mi héroe favorito anduviese en Chiapas!

La emoción me embargaba al saber que iba a salir una revista semanal con Kalimán. Cuando llegó ese día que tanto anunciaban en el radio, le rogué y supliqué a mi mamá que me diera un peso para comprarla. "¡No!", me dijo, ¡qué vamos a estar gastando el dinero en esas boberas!" Pero no era bobera, era Kalimán, y era especial. "¡Lo quiero conocer!", le pedía yo suplicante. No la pude persuadir.

Yo no era la única emocionada con este héroe. En la escuela había un grupito de locos por él, así como yo. Cuando vi que se amontonaban mirando algo, ¡era la revista! Fui con ellos. Estiré mi cuello lo más que pude. Moría por conocer a Kalimán. Su voz en el radio era impresionante. Y el narrador lo describía, "sus hermosos ojos azules, cuerpo musculoso y su turbante con un diamante". Él era de la India y hablaba con un acento atractivo e impresionante. Descendiente de la diosa Kali. Y ahora estaba allí, en ese cuento. Podría ver su foto al menos. Y la de Solín. Yo ya había visto otras revistas: de *Mafalda*, *Supermán*, *el Payo*, *Chanoc*, *Archi y sus amigos*. También unas novelas semanales de amor: *Lágrimas y risas*, y otras parecidas. Eran simples caricaturas que alguien dibujaba. ¡Me abrí paso entre los chicos que revolteaban alrededor del suertudo con dinero que había comprado la revista! ¡Estaba yo a punto de conocer a mi héroe! El muchacho la hojeaba mientras todos mirábamos. ¡Al fin llegué cerca y lo vi! ¡Oh, decepción, mi Kalimán y su amiguito Solín eran simples monos que alguien había dibujado! Ni siquiera a color.

Igual que los Reyes Magos, Kalimán no existía. Qué dolor en mi alma. ¡Qué tristeza!

¡Pero si él había ido a Chiapas, pues! Todo era ficción.

Recogí los pedacitos de mi corazón y me fui para mi salón.

RETRATOS FAMILIARES

(Mi mamá antes de conocer a mi papá) (Mi papá más o menos cuando conoció a mi mamá)

(Mi papá y su hermanita) (La familia recién llegada a CDMX de Chiapas)

(Mi mamá y papá)   (El día del bautismo mi hermanita Lex y yo)

(En el Molino de las Flores con mi abuelita Catalina: Mamá, papá, Lex, Mago, and Fidel Rey)

(Estufa de petróleo)

(Plancha de carbón)

(La mejor parte del día de mi primera comunión fue el pan dulce)

(La familia de Chiapas en Xochimilico) (Mi mamá y yo en el día mis quince años)

(Mi papá y yo en el día de mis quince años)

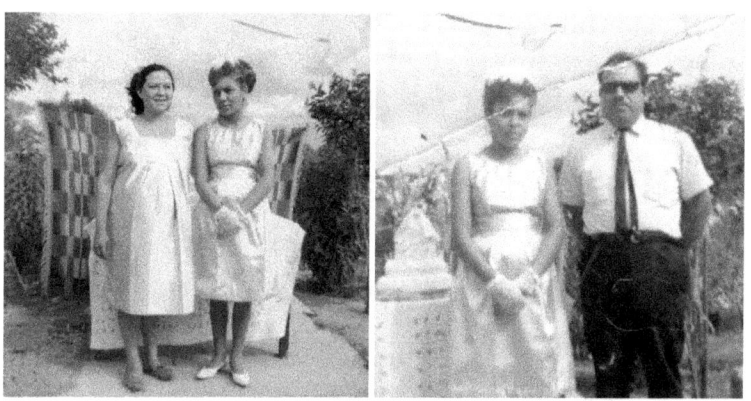
(Mi tía Virginia y mi tío Chuy en el día de mis quince años)

(Un lunes cualquiera. ¿Pueden ver la barranca al fondo?)

(Mi hermana Lex y yo en el columpio)

(Bautizo de Luzi y Oscar con tía Lex de madrina.)

(Pequeños Luzi, Oscar y sobrino Jacob, tía Lex y yo embarazada de Eddie)

(Eddie y Óscar en Texcoco)

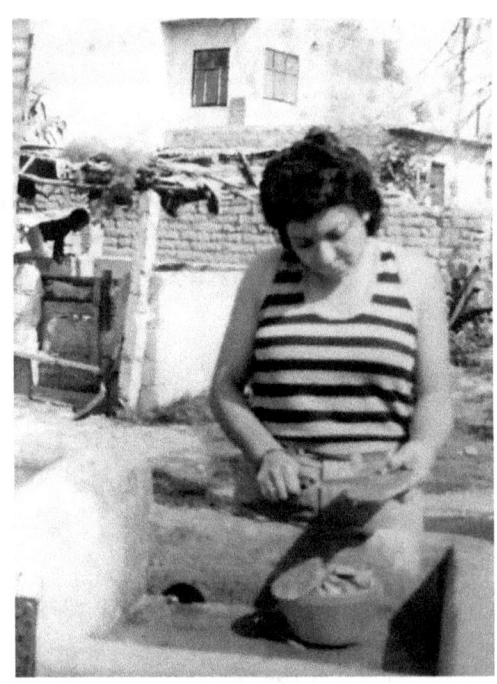

(Pelando nopales en Boyeros con Victor en el fondo)

(Eddie, Victor y yo en el patio de la escuela de Luzi en Texcoco)

(Luzi con su uniforme color de rosa y tía Lulu) (Luzi con su uniforme azul de segundo de secundaria y su mami)

(Abuelita Adulfa, mamá de mi mamá)

(Tío Eloy y tía Tere)

(Tío Eloy y tía Flor)

(Primos: Eloycito, Ricardo, Blanca Flor y Luz Alba)

(Chely y yo, ambas embarazadas, yo de Amada)

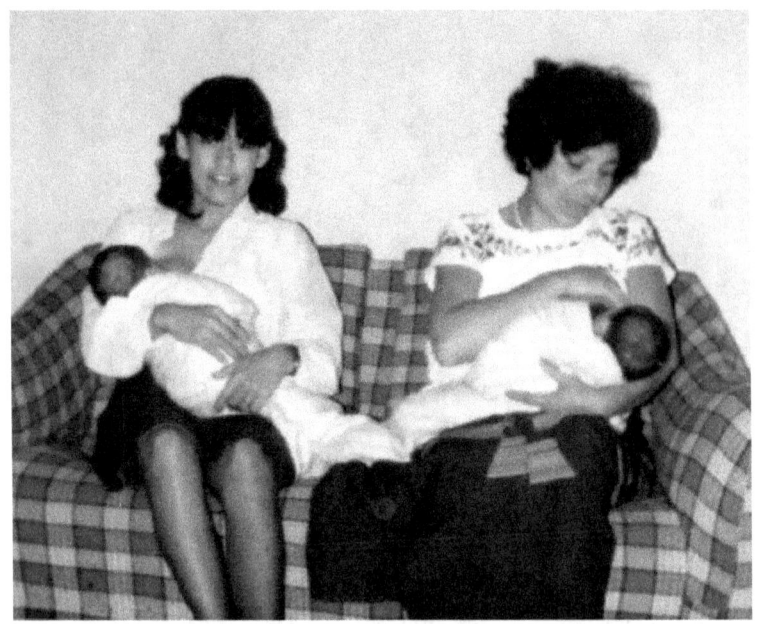
(Chely y yo, ambas amamantando a nuestras hijas recién nacidas)

(Víctor, Eddie, Óscar y Luzi en la casa en Boyeros)

(Víctor en un evento de primaria)

(Eddie en otro evento escolar)

(Eddie en el mismo evento en la escuela en Boyeros)

(Luzi graduándose de la primaria en Boyeros)

(Óscar haciendo su tarea en la casa en Boyeros)

(Yo luciendo mi vestido frente la casa en Boyeros)

(Las tres mosqueteras: Lex, Clelia and Mago)

(Mi hermana Feliza y yo)

(Chapingo, glorioso plantel)

(Hermosa Mago en sus veintitantos)

(Mago y Amada en Cornelius, Oregon)

(Víctor y Sara bailando el Bolonchón en Cornelius, Oregon)

De primera fuente

(Sara, Lulú, Mago, Feliza, Lelis, y Lex en el Rose Garden, Portland, Oregon)

(Mi papá construyendo una fuente de agua en la casa en Cornelius, Oregon)

(Óscar entrando a la fuerza naval, despidiéndonos)

(Eddie en una quinceañera en Cornelius, Oregon)

(Las hermanitas)

(Bill Clinton en mi graduación en Portland State University)

(¡Obtuve mi maestría en educación!)

(Me gradué con mis hijos Eddie y Oscar)

Clinton praises immigrant's feat

A woman who came from Mexico in '80s receives a master's degree in education

By BILL GRAVES
The Oregonian staff

Mago Gilson always hoped to become a role model after her 12-year climb to a college degree, but she never dreamed of being singled out in such a quick and lofty way.

President Clinton named the 46-year-old Mexican immigrant and two of her sons, Eddy and Oscar Gilson, during his speech Saturday at Portland State University, as examples of how hard immigrants work to attain higher education and the American Dream.

"Becoming an American, Clinton said, means dreaming big dreams and passing them on to your children, like Mago Gilson did."

He noted Gilson of Cornelius had not completed high school when she moved to the United States 12 years ago with her husband, Jack Gilson, a missionary from Oregon.

She received her master's degree in education Saturday, Clinton said, on her way to realizing her dream of becoming a teacher. Her son, Eddy Gilson, 25, of Hillsboro, he said, "had dreams of his own" and was picking up his bachelor's in business administration and general management. And Oscar Gilson, of Cornelius would pick up his master's in education in August. Then Clinton asked the three graduates to stand.

"I was very proud of my children," said Mago Gilson, still wearing her cap and gown three hours later. "They can see they can do it." Oscar Gilson said he will never forget the day he met the president.

> *He was basing his speech on my mother. That makes him special to me. He cares for people like us.*
>
> **Oscar Gilson,**
> *whose family was included in President Clinton's speech*

"He was basing his speech on my mother," he said. "That makes him special to me.... He cares for people like us."

The three Gilsons, who met the president briefly before the ceremony, embarked on higher education together at Portland Community College more than six years ago. Mago Gilson had just earned her General Educational Development certificate, similar to a high school diploma. She was determined to keep going, with the help of scholarships, her husband and five children. Her parents, both deceased, had encouraged her to become a teacher. Her five sisters and one brother all had earned college degrees in Mexico.

Eddy Gilson managed a gasoline service station full time while going to school. He worked most weekends and rarely saw his wife and child. "I was always at school or work," he said.

Oscar Gilson entered college on the G.I. Bill after his discharge from the U.S. Navy. "I grew up feeling very dumb most of my life," he said.

But he soon realized he could succeed in school. Next month he will marry, and next fall he will begin his teaching career in Portland Public Schools.

"Education is important," said Mago Gilson, who expects to teach high school Spanish in Portland next fall. She urged teen-agers to reach for good educations.

Then, she said, "maybe they will be lucky like us and get to meet the president."

Mexican immigrants Eddy Gilson, 25, and his mom, Mago Gilson, 46, both graduated from Portland State University on Saturday. President Clinton named them as examples of the willingness of immigrants to work hard "dreaming big dreams." Another family member, Oscar Gilson, 27, will receive his master's in education in August.

(Recortes periodísticos sobre la graduación)

Cornelius family cited at rites

By MIKE MLYNSKI
Of the Argus

CORNELIUS—Even after giving several interviews to television and print reporters during the past few days, Mago Gilson is still enthusiastic when describing the events of last weekend.

After all, she just graduated with a master's degree in education and met President Clinton who mentioned her in his speech at the Portland State University graduation ceremony last week.

Gilson's sons, 27-year-old Oscar and 25-year-old Eddy, also graduated from PSU the same day and were mentioned in Clinton's remarks which pointed out that immigrants can still achieve the American Dream.

With the family's permission, PSU officials offered the information on the Gilson family to the White House.

Clinton met personally with the family at a breakfast before the graduation.

"He (Clinton) knew our names, our degrees and all about us," Mago said. "He's awesome—he's so friendly."

"Yeah, I'm going golfing with him next week," Oscar chimed in after his mother's comments.

The honor of meeting the country's chief executive and being singled out by him in a speech hasn't meant that the Gilson's are taking themselves too seriously.

But the family's story is pretty awesome.

Margarita Moreno (Mago) was born in Southern Mexico and raised near Mexico City. She married Jack Gilson and came to the United States in 1985.

Mago Gilson and sons, Oscar and Eddy, celebrate their PSU degrees.

The family moved to Cornelius in 1986. They bought a home and started to put down new roots.

Mago, 37-year-old Oscar and 25-year-old Eddy started at Portland Community College together in 1992.

Oscar also received a master's degree in education while Eddy received a bachelor's degree in business administration.

"It was hard, but it's hard for everybody," Oscar said. "We didn't have the perfect language skills, self-esteem or money—but we had a goal."

"A lot of people like to make excuses," Eddy said. "I never liked the reading or homework in school, but without education it's hard to find a good job."

Mago Gilson said she likes learning so much that she might go after a doctorate.

"I'm strong—I don't feel old yet," Mago said.

You can bet that once she makes the decision, the Ph.D. will follow for Mago Gilson.

(Víctor y yo en la ceremonia de mi graduación)

(Eddie, Óscar y yo en la ceremonia de nuestra graduación)

(Las primas hermanas en Tlaxcala, México)

(Eddie, Luzi, Amada, Víctor, y Óscar cuando Amada cumplió sus quince)

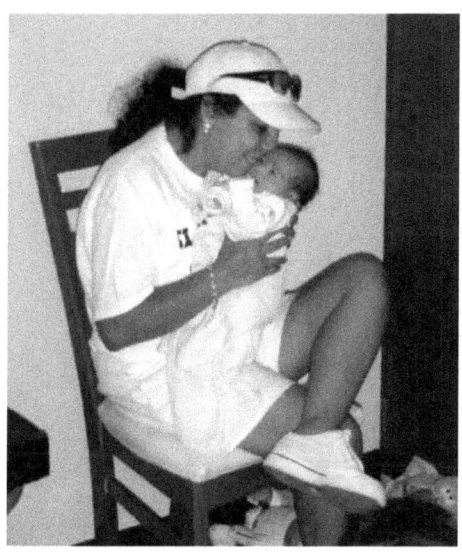

(Foto familiar en Hillsboro 2021)

(GrandMago y Gabylucita)

(Mago y sus "cinco fantásticos" 2021)

(Tres generaciones juntas)

(¡Las niñas de mis ojos! Amada y Luzi)

(Última foto con tía Quika, la que convenció a mi papá a huir de Chiapas, y yo)

(Última foto con tío Eloy)

CAPÍTULO 12

Este relato tuvo efecto en un lugar parecido a un río. No sé por qué tengo esta fascinación por los ríos, tanta que hasta le escribí una canción al rio Willamette, aquí, en Eugene.

En el pueblo de Boyeros donde crecí, no había ni ríos ni arroyos, solo el lago de Texcoco, pero ya medio seco. Entonces, cuando los ejidatarios del pueblo excavaron enormes pozos con tuberías grandes para regar sus parcelas, me hacía la ilusión imaginarlos como un río.

Aprovechando el día de riego, las señoras llevaban sus canastas de ropa sucia y buscaban unas piedras lisas en forma de lavaderos y ahí, en la gran poza que se formaba al caer el caudal de agua, se hincaban a lavar su ropa.

El agua corría por una zanja que los labradores formaban dirigiendo el precioso líquido hacia la siembra. Maíz o alfalfa era lo más común que se veía en aquellos campos.

Mientras los regadores hacían su labor, las señoras lavaban y platicaban. Los campos se pintaban de colores con las prendas de ropa secándose bajo el sol.

Estos días de riego me traían memorias de Chiapas donde nací. Allá sí abundan los ríos, como el Usumacinta y el Suchiate. Recuerdo la alegría de mi mamá cuando visitamos a la abuela Adulfa en el pueblo del Triunfo, y luego fuimos a Arriaga con la tía Cirila, nos fuimos todos a bañar al río, parecía una fiesta con mi mamá y sus primas chapoteando y jugueteando con las aguas cristalinas

Ya en Boyeros, cuando corría la voz de que tal día iban a regar, las amas de casa preparaban sus bultos de ropa sucia y su jabón Tepeyac o dejaban remojando la ropa en detergente Roma y ya solo la iban a enjuagar en las frescas aguas de riego.

Allí estaba yo, entre ese grupo de señoras chismosas, lavando, enjuagando y exprimiendo prendas. Yo prefería lavar la ropa de mis hermanitas que quedarme en casa a fregar las ollas y cazuelas, o trapear los pisos o lidiar con los chillidos y moqueos de las chiquitas. ¡Oh, qué delicia lavar con tanta agua sin necesidad de sacarla del pozo y llenar el tinaco! Esperaba con ansia los días cuando regaban las parcelas.

Tengo grabado en mi memoria un día singular. Me veo jugueteando con el agua, ¡qué placer! No solamente ayudo con los quehaceres de la casa, sino que lo disfruto. Me regocijo con el tacto del agua fresca y la magia del jabón y mis manos al tallar la ropa. Aquellos vestiditos de mis hermanitas antes negros de mugre ahora resplandecientes de limpios. ¡Más ropa, traigan todos sus calzones, hasta los de mi mamá y papá!

De pronto, la señora de al lado mío, jugando con el agua, le pega fuerte y me salpica la cara. A mí me da risa y hago lo mismo. Le pego fuerte al agua y le moja hasta la cabeza. Ella, con las dos manos, toma más agua y me moja también, yo hago lo mismo. Ella se enoja, me toma de los cabellos y me grita y me insulta. – "Muchachita igualada, mira cómo me mojaste toda, ahora verás como te baño completa", y me tira a la poza y mete mi cabeza una y otra vez. Yo ya estoy llorando.

En realidad, no recuerdo cuánto tiempo pasó. Ni me explico por qué las otras señoras allí no me defendieron, talvez se estaban divirtiendo. Solo recuerdo que de pronto vi llegar a mi mamá corriendo, enfurecida. – "¡A ver!, ¿quién es ésta que le puso las manos encima a mi hija? ¿Cómo se atreve? Póngase con alguien de su tamaño, vieja desgraciada." Y la jaló de los cabellos y le puso una cachetiza. "Cómo se atreve abusar así de una niña, vieja bruja". Y mirándome a mí, me urgió a levantar mis trapos. "¡Jamás vuelves a venir aquí a lavar con esta gente! Nosotros tenemos un buen lavadero que tu papá construyó."

Ahora, con la perspectiva del tiempo, me pregunto: ¿Cómo es que mi mamá llegó tan pronto al lugar de los hechos?

Platicando de este incidente con mi hermanita Klelia, la chiquita que me seguía a todas partes, ella recuerda que al ver que me estaban ahogando y maltratando, corrió hasta la casa, donde mi mamá estaba haciendo las tortillas. Solo las quitó del comal y, con todo y delantal, no corrió, sino voló para mostrar lo que hace una madre cuando le agreden a su hija.

Resulta que la señora abusiva se llamaba igual que yo, Margarita; entonces a mi mamá no le gustó ese bonito nombre para ella, así pues, decidió bautizarla como *la Tinguilica*.

De Boyeros a Chapingo teníamos que pasar por la casa de la Tinguilica. Sí, me ponía nerviosa pasar caminando por allí. Aunque en realidad yo supongo que ella tenía más miedo que yo. Porque ni la nariz asomaba cuando cruzábamos por allí.

Ah, qué recuerdos. Aunque, yo sí extrañaba ir a lavar a mi río de a mentiritas.

De primera fuente

CAPÍTULO 13

Mi hermanita Lex y yo tomábamos el camión de pasajeros para ir a la ESFIR (Escuela Secundaria Federal Ignacio Ramírez). Para ingresar a esa escuela teníamos que tomar un examen. Mi papá me exhortaba (más bien me amenazaba) con que, si no pasaba ese examen, me iba a llevar a trabajar de *criada* con la maestra Sabina. No hubiese tenido nada denigrante trabajar con ella, pero él lo decía en un tono agresivo, como si fuera algo humillante.

Cuando supe que había aprobado ese examen brinqué de gusto. ¡Qué feliz! Me sentía otra. Otro mundo se abría para mí. Adiós mundo cruel. ¡Gritaba, cantaba! *Oh adiós mundo cruel, ya nunca te veré. Yo diré que no te conocí. Pero todos ya comprenderán...que magnifico es, dejar este mundo cruel...* interpretada por Enrique Guzmán.

Y es que los chamacos de la primaria eran extremadamente malvados conmigo. Me apodaban con los nombres más ridículos. Ahora le dicen *bullying*. Es horrible. Yo lo viví. El que no me empujaba, me pinchaba con su lápiz, o rayaba mi cuaderno. Y yo pedía ayuda, "maestra, mire a fulano que me está molestando... maestra mire al zutano que me jaló las trenzas... maestra...". Se burlaban, diciendo que era yo bien chismosa porque todo el día me la pasaba llamando a la *maestra... maestra...*

Me decían que mi nombre iba a ser *la Tabloide*, porque en ese tiempo había un periódico de chismes que se llamaba así: *Tabloide*.

Todos los días era un suplicio.

Un día se me ocurrió llevar una muñequita que me regaló mi tía. ¡No, pues! resultó ser una mala idea. Me la quitaron y se la aventaban de aquí para allá y de allá para acá. Y llorando, yo suplicaba "dame mi muñequita, ¡dámela!". Pobre muñeca. Terminó igual que yo: desgreñada.

Hubo una ocasión en la que íbamos a ir a una excursión a las Pirámides de Teotihuacán, la cuota era de siete pesos. Pero yo entendí mal. Le dije a mi mamá que eran setecientos pesos. Entonces, ella sorprendida fue a preguntar a la maestra por qué tanto dinero. El problema fue que hizo el reclamo frente a todos los estudiantes del salón y los malvados soltaron la carcajada y, tras ese bochornoso momento y por mucho tiempo, mi nuevo apodo fue La Zetezientos Pesos, haciendo burla también de mi forma de sesear la ese.

Para mis compañeros, todo era motivo para asignarme un mote. Recuerdo que se mofaban de mis ojos, que no eran normales, porque estaban enormes, como los de un toro. Sí, eso es: *Ojos de toro loco*. Otro apodo a la ya larga lista.

Qué malditos eran. Los odiaba con todo mi corazón. ¿Qué podía yo hacer? Yo era una cobarde que no me sabía defender. No como mi hermana Clelia. Ella sí se los agarraba a golpes, uñas y dientes. No, yo no. Yo me ponía a temblar. Nunca me defendí. Y a mi mamá yo no le decía nada. ¿Para qué llevarle quejas a ella también? Ya con lo de *setecientos pesos* era bastante.

Uno de esos malvados que vivía allá abajo, pero no allá abajo por los tejocotes, sino que vivía allá, como yendo para los ahuehuetes, pero se va uno derecho. Ese infame, hermano de la María Luisa (ella no era mala), así de la nada, un día me soltó un golpazo en la espalda. Yo volteé toda asustada y adolorida. Él me dijo, burlonamente: "no te has de morir". Yo sin saber que decir, lo miré con impotencia y rabia. En mi mente resonó una súplica a Dios: "¡Castígalo! ¡Dios, que tenga pesadillas! Que sueñe horrible, que este golpe que me dio no se quede impune. ¡Castígalo, yo no puedo!"

Años después lo volví a ver. Yo no lo reconocí. Él a mí sí. "Qué bien te ves," me dijo, muy galante. "Se ve que te ha ido muy bien" Cuando lo vi claramente, lo reconocí. ¡Me quería hacer la plática, el gusano! Recordé aquella escena en la primaria. Solamente moví la cabeza asintiendo, sin hablar, solo pensando. *¡Claro que me ha ido muy bien! Mira donde estoy. He recorrido el mundo. ¡Me crecieron alas! Ahora estoy de visita, y tú sigues aquí, en tu mismo rincón. ¡Sabandija!* No guardo ningún rencor. En mi corazón no hay espacio para sentimientos mezquinos, pero sí tengo memoria.

¡Qué masoquista soy! Heme aquí recordando lo infeliz que la pasé en la escuela. No soy ni la primera ni la última en haber sufrido este tipo de acoso. Estoy segura de que alguien se identificará. Más que nada espero que mis vivencias sirvan a otros para recapacitar, ayudar y prevenir. Aquí les va otra.

¡Mi papá me compró un lápiz de puntillas, tan bonito! Me fascinaba verlo, color naranja, pero transparente. ¡Se veían las puntillas como iban bajando! ¡No tenía que sacar punta! ¡Mi papá me lo había comprado! Qué raro, él nunca me compraba nada. Estaba tan orgullosa con mi lapicero. Lo puse en mi pupitre. Miré abajo para sacar mi cuaderno y al volver la vista ¡oh no, mi lápiz ya no estaba allí! Horrorizada, volteé para todos lados. ¡Todos se hacían los disimulados! "¿Quién tomó mi lapicero? ¡¡Devuélvanlo por favor!! ¡No sean malos! Devuélvanme mi pluma", yo gritaba con mis lágrimas rodando hasta mojar mi blusa. "Ya no llores," dijo el *Chimbombo* burlonamente. "Guarda tus lágrimas para cuando llegues a tu casa y te castigue tu papá porque perdiste tu precioso lapicero".

En medio de aquel infierno, Dios me envió un ángel: una maestra linda. ¡Amparo! La maestra Amparo hacia honor a su nombre: bendita ella que tuvo compasión de mí. Me defendía hasta de El Jorge, su propio hijo, que también era un malvado conmigo. Se le ocurrió a la buena maestra, sentarme lejos de mis compañeros. Puso mi pupitre separado de todos, en la esquina, al otro lado del escritorio de ella. No resultó, ya que era yo el blanco perfecto para que me aventaran cáscaras de naranja con una liga. ¡Los *ligazos* fueron horribles!

La maestra Amparo me regaló unos pases para ir al cine. Me los había ganado, "por dedicación y esfuerzo", dijo ella. Más que nada, yo supongo ahora que me los dio porque quiso hacer algo bonito por mí. Además, pensó en todo. "Estos malvados te van a quitar tus boletos," me advirtió, "así que te voy a dejar salir una hora antes. Te vas para tu casa corriendo y disfrutas de tu regalo." Nunca olvidaré ese gesto de bondad. Con esos boletos fuimos a Texcoco a ver la película "Allí está el detalle" de Cantinflas. Yo nunca había ido al cine.

Hubiese sido perfecto tener a mi maestra Amparo el siguiente año. Pero ya en sexto grado tuve un maestro, el maestro Valverde. En el mes de mayo, preparando el programa para el Día de las Madres, me pidió que me quedara para practicar una declamación. Entonces, le avisé a mi mamá que iba yo a quedarme después de la escuela.

Una tarde de esas, después de la práctica, me llamó a su escritorio, me acercó mucho a él, me abrazó y me dio un beso. Yo me sentí desmayar de miedo, pero él era muy amable conmigo y, en medio de tanta maldad de mis compañeros me agradaba ser tratada con ternura, pero me daban muchos nervios quedarme sola con el maestro. A la hora del recreo escuché a unas niñas, ya más grandes, platicar muy asustadas: "¿Ustedes sabían que una puede quedar embarazada por tan solo que te den un beso?", decía una. Yo me llené de pánico, esta vez sí tuve que decirle a mi mamá que el maestro Valverde me había dado un beso y que tal vez yo estaba embarazada. Mi mamá, pronto se secó las manos porque estaba lavando pañales y en seguida nos fuimos a la escuela. Allí estaba el maestro solo en el salón. Yo no entré. Esperé afuera. No sé qué le dijo ella ni que contestó él. Pero la actitud del maestro cambió drásticamente. Se acabó la amabilidad. El efecto de esa platica se vio al final del año escolar: ¡Me reprobó!

Tuve que repetir el año. ¡Que injusticia! Qué vergüenza. Reprobar el año era para los incapaces. Yo iba bien en todas las clases. ¡Maldito Valverde! Repetí el sexto grado, con otra maestra. El Valverde no volvió al siguiente año. ¡Menos mal!

Decían que esa doña ni era maestra porque la habían visto en un puesto de verduras en el mercado. No habría importado que vendiera verduras si hubiese enseñado bien, pero ni eso. Se llevaba a sus amigas al salón y allí estaba en el chisme mientras nosotros hacíamos planas de algo. Un día nos mandó a escribir un poema mientras ella seguía en la plática con la amiga. Yo encantada escribiendo porque me gustaba escribir. Descubrí que me salían las rimas sin mucho esfuerzo. Mi inspiración eran mi mamá, Dios, la naturaleza y todo lo bello. Podría escribir al amor, pero me daba algo así como vergüenza. Entonces escribía versos como este:

Mamita, mamita: perdóname, por favor,
 por rezongarte ayer.
Te quiero con todo mi corazón.
Ya no lo vuelvo a hacer.

Le entregué esa pequeña rima a mi mamá con un ramito de flores del campo. Recuerdo que a ella se le ablandó el rostro, usualmente afligido y cansado y sus bonitos ojos color verde tierno, se le encharcaron con una lágrima y me abrazó.

Estaba yo muy inspirada escribiendo mi poema cuando pasó, no la maestra, sino la amiga, revisando los cuadernos y, cuando vio el mío, gritó fuerte: "esto no lo escribiste tú". La maestra dijo que escribieran, no que copiaran uno. Borra eso y escribe algo que se te ocurra a ti". Ni cómo discutir con la maestra o la mujer esa. Para qué hacer más el ridículo. Me guardé mi impotencia, mi pena y mi coraje y me dije, "¿para eso repetí el año? Aguanta, aguanta; ¡ya pronto se acaba esta tortura!".

Ahora toda esa pesadilla de siete años en la escuela primaria quedaba atrás. Ya era una niña de secundaria.

En un año más, mi hermanita Lex también pasaría el examen en la ESFIR. Sería el año escolar más feliz de mi vida con ella a mi lado.

De primera fuente

CAPÍTULO 14

La tarifa del camión de pasajeros en aquel tiempo era de treinta centavos; los estudiantes pagábamos la mitad, solamente ¡quince centavos! Cada mañana, mi hermanita y yo tomábamos nuestros respectivos morrales con los libros y libretas, nuestros taquitos para el almuerzo y nuestros treinta centavos. Ella con su uniforme color de rosa del primer año y yo con el mío azul de segundo año de secundaria. Eran unos *jumpers* muy bonitos, con su blusita blanca abajo. Esa misma blusa la podíamos usar para el día de educación física que era una falda azul con tres pasadas de cinta bies blanca, shorts y tenis blancos. Para poder comprarnos esos uniformes, mi mamá vendió un marranito de los que estaba engordando para ese gasto. Teníamos en el terreno a las orillas de la casa un chiquero. Así le decían a la casa de los marranos (puercos o cerdos) que se alimentaban con todas las sobras de comida. Se ponían muy contentos cuando les llevábamos el agua de masa (*achihual*), agua donde mi mamá se lavaba las manos al hacer las tortillas. Me encantaba el ruido que hacían estos cerdos al masticar con un apetitoso gusto su comida. Les echábamos las hojas de los elotes. También los olotes después de nosotros acabar con los granos. Todo se lo comían con mucho escándalo. La marrana tuvo sus crías. Tan chulos los marranitos, chilla y chilla y mama y mama de su mamá allí echada. Y todos ellos allí encimados cada uno con su ubre.

También teníamos gallinas, guajolotes y patos. (Y ratones, pero esos no nos servían para nada.) A veces los guajolotitos se llenaban de viruelas. Ahí andaban los animalitos con los granos en sus cabecitas. A veces sobre los ojos que ni podían ver los pobrecitos chocando unos con otros. Mi mamá los curaba. No sabía de vacunas contra esa viruela. O no quería gastar dinero para comprarlas. Le arrancaba una pluma de algún gallo, gallina o guajolote y con la puntita tocaba el excremento de una gallina (que es más aguado que el del guajolote y color púrpura) y se lo untaba en los granos del animalito. Al secarse se caía la viruela. ¡Santo remedio! Seguía creciendo el coconito, bien alimentado con maíz desquebrajado, enriquecido con alfalfa molida, hasta quedar listo para un banquete en el siguiente cumpleaños.

Los marranitos sí eran para venta. Nunca nos comimos uno.

Gracias a la venta de esos cerditos, estrenamos zapatitos. Atrás quedaron los días en que nos íbamos a la escuela primaria con el calzado hecho pedazos. Tan viejos estaban que se abría la parte de enfrente dando la impresión de una boca abierta y los deditos, los dientes. *Tus zapatos tienen hambre.* Se burlaban. "Yo prefiero ir descalza," dijo mi hermanita un día, ya que le era muy incómodo andar chancleando. Yo no. Yo prefería ir con los *zapatos muertos de hambre* que ir descalza a la escuela.

Los lunes hacíamos homenaje a la bandera. Mi mamacita nos preparaba con poemas para los héroes, las madres, la bandera, la primavera etc. Nos instruyó en como modular la voz, como mover las manos y el cuerpo. Mi hermanita tenía más gracia para la declamación que yo. Los maestros no se tenían que preocupar en esa preparación. Mi mamá lo hacía todo. La escuela hasta ganó concursos compitiendo en poesía con otros distritos escolares.

Ese lunes, la maestra le dijo a mi hermanita que le tocaba declamar a la bandera. "Claro que sí," dijo mi mamá. "Tú sabes lo que tienes que hacer. Con gracia y buena memoria." Se esmeró en su arreglo, con su mejor vestidito. Para peinarla hasta exprimió un limón y con las dos manos lo froto vigorosamente y le alisó su cabello. Le había tejido un par de gruesas trenzas con sus moños blancos y, a falta de zapatos, sus pies muy limpios y encremados brillaban con la grasa de la crema. Todo muy bien, pero a mí me daba mucha vergüenza que fuera descalza.

Al regresar de la escuela, mi mamá ansiosa preguntó, "¿cómo recitó tu hermanita?" Yo le contesté: "muy mal, porque estaba descalza."

"Ah, pero si serás inútil. No pregunté cómo se veía, sino cómo recitó"

¡Oh, pues! ¡Ya salí regañada yo otra vez!

¡Me dio un sape y me mandó a lavar los trastes!

Pero eso había quedado atrás. Ahora ya íbamos felizmente en el camión rumbo a la secundaria. A veces salíamos temprano de la escuela. Llegábamos a la estación del autobús y teníamos que esperar un par de horas para su salida. Entonces nos mirábamos con ojos traviesos. Y al unísono decíamos: "¿nos vamos caminando?" ¡Así nos ahorramos el pasaje!

¡Sale, pues!

¡Órale vámonos!

La ruta no era complicada. El camioncito solamente salía de Texcoco y tomaba el camino por San Felipe al pueblo vecino de Boyeros, daba la vuelta en los ahuehuetes y de ahí derechito a mi pueblo. Nosotros no teníamos que ir hasta los ahuehuetes. Podíamos tomar un atajo, atravesando el río -ya seco-, de allí había que pasar por muchos terrenos sembrados de milpa o alfalfa y llegar a la casa hasta más pronto que el camión. Aunque sí era ardua la caminata por todo el camino polvoso y empedrado atravesando San Felipe, no importaba, íbamos tan contentas. Este recuerdo nos llena de tanta felicidad. Parece que veo a esas niñas felices tomadas de la mano, caminando sin preocupación. ¡Ah!, pero no queríamos que nuestros bonitos zapatos se gastaran en el terreno pedregoso. Decidimos quitárnoslos y hacer la travesía *a raíz*, descalzas. Como premio nos podíamos gastar quince centavos en golosinas, de los treinta que entre las dos traíamos. Con una voz casi cantarina decíamos: "¿pasamos a comprar?" Un sí acompañaba nuestro brinco de gusto.

Había una tiendita de abarrotes a las orillas de San Felipe, antes de bajar por el río seco. Ahí nos dábamos el gusto de comprar: chicles de bola o chicles motita sabor plátano, pirulines y caramelos en forma de cacahuates rellenos, otros como de reloj. (De esos dulces ya no he visto ahora). Nos rendían nuestros quince centavos y todavía llegábamos a la casa antes que el camión o a veces junto con él, pero con la alegría de darle a mi mamá un caramelo más quince centavos sobrantes, ¡y los zapatitos, intactos y limpios!

De primera fuente

CAPÍTULO 15

Los sábados, lloviera o relampagueara y, aunque no lo necesitáramos, nos tocaba baño. En un bote grande, encima de unos leños ardiendo, calentábamos el agua. Mi mamá la vaciaba en una gran tina redonda y ahí todas en bola, mis hermanitas y yo, una a la otra nos tallábamos los pies que, debido a que andábamos todo el día descalzas, eran los más sucios. Se nos acumulaba la mugre en los tobillos. Hasta la piel cambiaba de color, de piel canela a piel chocolate. También los codos, las rodillas y hasta el cuello se veían renegridos, pero allí no le dábamos con la piedra pómez. Sin embargo, los pies sí necesitaban más friega con la piedra, el estropajo y harto jabón. Los talones cuarteados de tanto brincotear sin zapatos, quedaban suavecitos con la remojada. Después de enjabonarnos el cabello con el jabón *Tepeyac*, nos enjuagaba mi mamá con otro bote de agua limpia.

Quedábamos limpias y rozagantes hasta la otra semana. Así que no me explicaba qué había pasado cuando un día en la escuela, todavía en la primaria, estábamos formados en nuestras respectivas filas para entrar a los salones. Una maestra tuvo la gran ocurrencia de mandar a su alumna favorita a revisarle las orejas a todos para ver si estaban limpias. Yo, formada en mi hilera del grupo de quinto grado o sexto -no recuerdo exactamente- cuando vi venir a la asignada para la revisión. Una niña muy fina que se llamaba Ena (su nombre adjudicado por las iniciales de la Escuela Nacional de Agricultura, ya que su papá trabajaba en Chapingo). Ella era blanca y sonrosada, de piel como durazno y muy agraciada. Claro que la escogieron a ella porque parecía muy limpia y bonita. La maestra hubiese querido que todos nos pareciéramos a Ena. Cuando la vi venir, yo con la confianza que siempre nos bañábamos los sábados, estaba muy tranquila. Ella parecía que disfrutaba hacer esa tarea. Se paraba con cada estudiante. Miraba dentro y fuera de los oídos, y pasaba al siguiente. Se paró a mi lado, me revisó... ¡No podía yo creer cuando vi que levantó su dedito para señalarme y decir: "ella, los tiene sucios!".

Qué, ¿qué? ¿YO?
¡Trágame tierra!
¡Qué vergüenza!
¿Cómo me puede pasar esto?
¡Aquí hubo un error!
¡Ella no miró bien!

Córrele a la casa. Con la humillación a cuestas. Incrédula de que yo tuviese los oídos sucios. "¡Mami, mami! ¿Tú crees que la maestra mandó a la Ena a revisar las orejas de todos a ver quién las tenía sucias? ¡Y dijo que yo! ¡Y me mandó a bañar!".

"No importa, hijita. Ya mañana es sábado y te toca baño y te las lavas muy bien," dijo mi mamá muy tranquila. "Qué bueno que te mandaron a la casa. Hay muchos pañales que lavar."

¡Ah! la Ena. Nótese el artículo 'la' antes del nombre propio. En el lugar donde crecí, este artículo se usa para denotar disgusto en contra de la persona. Aunque sé que la Ena solo seguía instrucciones, me quedé con ese sentimiento de molestia por la vergüenza que me hizo pasar. Resulta que a ella le gustaba el César, un guapito hijo de doña Socorro. Pero a ella la perseguía un feo, el Memo, hermano de Régula. Pues esa bonita, limpia fina y delicada, terminó casándose con el Memo. Ahora que se vaya a revisarle las orejas a su feíto.

Ya en la secundaria, lucíamos muy monas con nuestros uniformes. Aunque yo creo que seguíamos con la rutina del baño sabatino. Y el lema de mi mamá, "sábado glorioso: te baño, te lavo, te plancho y te coso". Entonces, ese día también lavábamos los uniformes. Se me hizo raro ver a mi amiga Alma Rosa Perdigón, muy bonita ella, de una familia adinerada, lavando su propia blusa blanca en un miércoles. Y le tallaba y le tallaba el cuello sucio. Y decía, "es que está bien *cochino*". No se me ocurrió mirar el mío. Seguramente estaba bien *cochino* también. Menos mal que la Ena no estaba en la ESFIR para que la pusieran a revisar los cuellos de las blusas blancas a ver si estaban sucios. Seguramente me habría mandado a lavar el mío.

Pero mi mamá no decía nada. Tan ocupada con tanto chiquillo, ya no consideraba importante preocuparse mucho por nuestra apariencia. Mi uniforme azul me quedaba super apretado, bien incómoda, me sentía que parecía yo un tamal envuelto. Además, mi cuerpo estaba cambiando. En la parte de arriba del *jumper* tenía que haber dejado el espacio para la sisa del busto y darle forma, pero no. El uniforme más bien parecía una funda de almohada. Menos mal que tía Agustinita nos visitó y me trajo el uniforme azul de segundo grado de mi prima Olga. Ella ya iba en tercero y era de color guinda

Tampoco veía mi mamá la necesidad de comprarme un sostén (brasier). El primero que recibí fue un regalo inesperado, muy bonito y elegante. Me hormaba tan perfecto, tan a mi medida, pero el placer de poseerlo no duró mucho.

En esos tiempos llegó una hermana de mi papá muy guapa y con muchas hijas, también muy bonitas. Cada una con diferente apellido. No iba de visita. Llegó para quedarse. Mis primas muy chulas sí, pero llenas de piojos. Nos los pasaron. De pronto ahí estábamos todas bien empiojadas, pero eso no era todo. La tía se salía por las tardes. Se iba a la ciudad muy perfumadita y arregladita como muñeca. Y se llevaba a la hija mayor. Una tarde le dijo a mi mamá: "Mira, chula, tú no estás nada fea. Eres pobre porque quieres. Bien puedes venir conmigo una de estas tardes y regresar con tu propio dinerito".

Ese mismo día mi papá la puso de *patitas* en la calle, "hija de la *tiznada*. Yo abriéndote las puertas de mi casa y tú sales con tus...*fregaderas* (aunque le dijo más feo)". Se tuvo que ir mi tía con su montón de muchachitas. Luego nos visitaba y nos traía unas prendas de vestir, ropa usada que le regalaban. Ahí encontré ese brasiercito tan mono de encaje, que me quedó perfecto. Como no teníamos espejo, me asomaba a la pileta de agua y veía mi reflejo tan bonito. Lo guardaba abajo del colchón para que nadie lo viera y me lo ponía muy sigilosamente, por la pena. Muy pudorosa y vergonzosa yo. Un día mi papá llegó medio ebrio. Mi tía estaba de visita. La insultó. La corrió de la casa. Ella enojada también le gritó: "ay, pero bien que se ponen la ropa que les traigo, ¡eh!"

"¿Cuál ropa?", preguntó él.

"Yo no quiero nada de esta bruja. Puede estar embrujado ¡Saquen todo lo que les haya dado y aquí mismo le meto un cerillo! ¡Lo quemaré todo!".

"¡Todo! oyeron?¡Saquen todo!".

No puedo creer lo obedientes que éramos. No me pude guardar aquel bonito brasier, porque él dijo que TODO.

CAPÍTULO 16

Permítanme contarles sobre el vestido de mi primera comunión. Ya que este relato tiene sus matices agridulces, aunque más dulces que agrios. El mencionado vestido fue muy austero y simple. Nada de encajes, olanes o crinolinas como los de las otras niñas.

Mi madrina Lala se ofreció a comprarme todo el atuendo. ¿Qué le costaba a mi mamá dejar que me lo comprara? Pero "no comadrita, no se vaya a molestar, yo le hago su vestidito a mija. Tampoco se moleste por los zapatos, ya la tía Agustinita nos dio unos".

Unos meses antes, mi tía nos había traído unos zapatotes como del ocho (yo creo que le quedaban a mi papá). Para colmo, no tenían hebilla para sujetarlos. Parecían unas chalupas. Mi mamá los miró con mucho aprecio. Le agradeció a mi tía y, en cuanto ella se fue, los limpió bien, los pintó de blanco con una pintura que se llamaba *Apresto*. Los puso paraditos en la pared para que se secaran y me advirtió, "no se te ocurra ponértelos, son para tu primera comunión". Yo pensaba, *pero quién se los quiere poner si están horribles*, además de enormes. ¿Será que mi *pata* me crece de aquí a diciembre? Ay, ojalá porque si no se me van a salir en cada chanclazo. Dicho y hecho: fue lo que pasó, porque mi piecito de Cenicienta se quedó pequeño y los zapatos seguían pareciendo chalupas de Xochimilco.

Mi vestido me lo confeccionó con una tela de seda blanca muy suave. Más bien parecía un fondo. Si tan solo le hubiese puesto un poquito de tul encima. ¿Qué sería muy caro? En la blusa sí le puso un pequeño encaje en la pechera, como para que se notara que era vestido y no camisón.

En la víspera del gran día, el 11 de diciembre, el cura del pueblo llegaba a la parroquia y todos los que iban a hacer su primera comunión debían confesar sus pecados. Era urgente que yo me confesara, pues tenía un pecado mortal que me remordía mi conciencia.

Cuando llegó mi turno, me hinqué frente al confesionario. "Ave María Purísima", se oyó del otro lado. Yo tuve que responder, "sin pecado concebida, padre".

"Dime tus pecados, hija".

"Ay, padre; ya no puedo con este peso en mi alma. Fíjese que mi hermanita se estaba comiendo su pan de bolillo. Y a mí se me *reteque* antojó tanto, que no pude resistir. Y *esdeque*, verá usted padrecito, nosotros nomás podemos comer tortillas. El pan es para los chiquitos. Según qué porque tiene más *sustancia*. ¡Pero a mí se me antojó tanto! Entonces yo me fijé bien que no me viera nadie y le di una mordidita chiquita al pan de mi hermanita. Pero...".

"¿Pero qué, hija?", inquirió el cura, seguramente aguantando la risa.

"Que le mordí su dedito sin querer, ¡padre! Mi hermanita lloró un poco pero luego se le pasó y nadie supo. Nomás yo. Pero yo sé que Diosito me estaba mirando".

"Tus pecados son absueltos, hija. Vete a rezar veinte Ave Marías y veinte Padre Nuestros y ¡ya!, pórtate bien".

"¡Ay, gracias padrecito!" ¡Uy, que peso de conciencia me quité de encima!

Cuando me dirigía a rezar mi penitencia, vi en la fila a las niñas que iban a confesarse. Ahí estaba una de las *Centavas*. Yo no podía creer lo que mis ojos veían. ¡Ella me hizo gestos con la nariz como de conejo y además me sacó la lengua!

¡Qué mala! Seguramente se lo tenía que confesar al cura. Yo hice como que no la vi. No podía pecar ni con el pensamiento.

Llegando a la casa mi mamá me encerró. Más bien me puso atrás de la cama. De allí no podía yo salir, para estar alejada de toda tentación, (pelear con mis hermanitos o rezongar). Tampoco podía comer. Estaba yo en ayuno total. Hasta que hiciera mi primera comunión al siguiente día.

El 12 de diciembre me bañé temprano. Mi mamá me peinó con esmero. (El jugo de limón frotado sobre mis rizos rebeldes hizo su trabajo). Me ayudó a vestir con el camisón, perdón, con el vestido blanco. Mi madrina llegó con unos artículos muy curiosos: una limosnera (una bolsita de encaje), una vela blanca decorada, un librito (biblia chiquita) y el velo como de novia; además, como su papá era panadero, mi madrina Lala llegó con una gran canasta de pan de dulce;

todos los que yo llegase a desear: conchas, besos, huaraches, tabiques, novias, polvorones, hojaldras, niños envueltos, piedras, pambazos, cuernitos, donas, flautas, biscochos, bolillos, teleras, ojos de pancha. ¿Estaba yo soñando? ¿El ayuno me había afectado?

"Ándale, hija, vámonos a tu primera comunión y cuando regreses te puedes comer todos los panecillos que quieras", dijo mi madrina apurada.

Ese fue un día feliz. No importaba mi vestido tan simple, mientras las otras niñas que hacían su primera comunión parecían princesas. Ni que mis chalupas, perdón, zapatos se me salían a cada paso. A mí, después de la hostia sagrada, me esperaba un arcoíris de pan de dulce. (*Panderuza* diría mi nieto, Antonio Jared Gilson, medio siglo después, por la fonética, pan de dulce, al parecer suena como *panderuza* en inglés).

De primera fuente

CAPÍTULO 17

Mi madre se las ingeniaba. O sea que era genial. El dicho que dice: *si del cielo te caen limones, pues haz limonada* parece que hubiera sido inventado para ella que sabía aprovechar los recursos que tenía. Nos quedamos sorprendidos de lo que hizo con un costal de corbatas. ¡Sí, corbatas! Corbatas de los estudiantes. En aquel tiempo, la Universidad de Chapingo era militarizada. (Escuela Nacional de Agricultura la ENA). Los jóvenes tenían que usar un uniforme color beige (caqui): pantalón, camisola, corbata y gorra. Cuando los muchachos salían de vacaciones, dejaban en el dormitorio lo que no necesitaban, como corbatas y gorras. Muchísimos artículos como estos se tiraban a la basura. Entonces mi papá, sabiendo lo hacendosa que era su esposita, se las trajo a la casa. Nosotros con cara de sorpresa, nos preguntábamos: "y ora para qué queremos tanta corbata beige?", de pronto nos vimos todos descosiendo esas prendas y mi mamá pedaleando, uniendo esos pedazos de tela, que ya extendida era una buena pieza, y acomodándolas una para arriba y otra para abajo hacían unos rectángulos que al unirlos formaron una gran sábana, gruesa y resistente (color mugre). Esa noche, estrenamos nueva cubierta para la cama y dormimos más calientitas.

Sí, así hacía maravillas mi mami. Aunque no tomó clases de corte y confección, ella nos hacía nuestras prendas. El vestido de graduación, cuando salí de la primaria, fue escogido de un figurín. Así lo decidieron las señoras del comité de madres de familia. Un modelito muy mono de color azul agua, tela de raso con pecherita adornada con pliegues diminutos, con un encaje alrededor llamado *guipure*. También debíamos llevar un tocado en la cabeza, así se veía el atuendo en la revista de modas. Cuando mi mamá vio el modelo, dijo: "no voy a andar gastando yo en modistas. Yo lo puedo hacer." Fue por la tela al mercado. Y el *mentado guipure*, decía ella.

Por más esfuerzos que hizo mi mami de hacerme el vestido tal como el modelo. Los plisados de la pechera más bien parecían una bolsa grande allí en el pecho. ¡El tocado, ay, no! Parecía que me salía un gran resplandor de la cabeza. Aún guardo la foto de esa graduación. Lo peor fueron las burlas de las otras graduadas con sus vestiditos confeccionados por la famosa costurera profesional.

No importaba. ¡Yo ya me estaba graduando y pronto iría a la secundaria!

Cuando se acercaba mi cumpleaños número quince, mi tía Virginia se ofreció a confeccionarme el vestido para mi quinceañera. Creo que tampoco mi tía había tomado clases de corte y confección.

Mi tía Virginia no era hermana de mi mamá, más bien era su cuñada porque se casó con mi tío Jesús.

Ellos llegaron de visita al pueblito. Fue una muy agradable sorpresa. Nunca habíamos visto a este tío. Mi mamá tenía varios medios hermanos, ya que mi abuelo José Vicente fue un canijo. (Muchos hijos con diferentes mujeres.) Este tío Chuy supo de la existencia de su hermanita y la fue a buscar, en esa ocasión también conocimos a su novia muy bonita.

Mi tío me decía, (mirando a su novia tan hermosa y vestida como en los tiempos de los 60, con faldas amponas y crinolinas), "dile, tía".

Se casaron y nos iban a visitar en coche. Nos imaginábamos que eran ricos, pues, eran de la ciudad.

En la siguiente visita, nos sorprendieron con una primita hermosa, de piel blanca y sonrosada, y suave como una flor. La llevábamos a presumir al pueblo. "Mira. Ella es mi primita. Está bien bonita, ¿verdad? ¡Mis tíos tienen coche!". (Nadie estaba preguntando).

Luego nació otra primita. La familia seguía creciendo.

Después llegó un primito y luego muchos más.

¡Mi tía requería ayuda!

En tiempos de vacaciones me mandaron con mi tía para *echarle una manita* con mis primitos. Era tan diferente vivir en la ciudad. En lugar del canto del gallo al amanecer y el alboroto de las gallinas y su cacaraqueo en el gallinero, o los marranitos en el chiquero pidiendo maíz, o el ladrido de los perros, lo que me despertaba era el ruido de los motores de los carros tempraneros al pasar por las calles de México.

¡Qué emoción, estoy en la ciudad! Me sentía tan contenta de estar con mis tíos, sus tertulias con el piano, los desayunos de huevo con jamón.

Mi primito cumplió un año y la fiesta fue de lo más divertida. Con música de la Sonora Santanera con mi tío al piano y otros músicos que amenizaban con éxitos como, *La Boa, los que están sentados los saben lo saben. Los que están bailando lo saben lo saben.* Muy alegres y divertidos, la gente comía, bebía, bailaba y platicaba. De pronto pusieron en el centro de la mesa un pastel. ¡Qué cosa más bonita! y, además, ¡deliciosa! Todos gritaban, "apaga tu velita. Anda. Apágala. Mira hazle así. Apaga tu velita". Mi primito solo manoteaba queriendo tocar la llamita de la velita. Yo le quise hacer el favor. Le soplé y la apagué. En lugar de agradecer, todos me miraron con reprobación y dijeron "¡Ay!". Menos mal que lo olvidaron pronto y repartieron el pastel. ¡Jamás en mi vida había probado yo algo más delicioso! Era la primera vez que saboreaba pastel.

Siguió la fiesta. Cuando todos ya habían saboreado su respectiva rebanada, vi que se llevaron el sobrante de esa delicia a la cocina. Lo metieron en un gran cajón blanco rectangular, al que le decían *refri*. Cuando todos dormían exhaustos, me levanté sigilosamente. Me dirigí hacia la cocina donde sabía que estaba aquello tan delicioso y sin que nadie me viera me despaché otra suculenta rebanada del tan exquisito pastel.

En cada verano, mi hermanita Lex y yo nos tomábamos turnos para ir con los tíos de la ciudad de México.

Cuando fue mi turno otra vez yo tenía 14 años.

Mi tía le dijo a mi mamá que me quería hacer mi vestido para mis 15 años. Empezaron a planear mi fiesta. Mi mamá se hizo un vestido del mismo color que el mío, verde tierno. A mi papá le arregló una camisa. De dos camisas le hizo una. Las mangas eran hechas de la espalda de otra. A mí me daba pena que estuvieran gastando en una fiestita que no era necesaria. No había dinero para esas cosas; pero mi tía se había ofrecido para hacerme el vestido. Lo menos que podían hacer mis padres era proveer una comida típica de nuestra tierra.

Fueron a la ciudad por hojas de platanillo para tamales chiapanecos. También hicieron cochito enchilado, chamuscado, porque se les quemó. No teníamos horno.

Semanas antes de la celebración, todos muy contentos, tío y tía, mamá y papá, caminábamos por las calles de México buscando mis zapatos. Yo atrás, calladita, cuidando a los primitos. Nadie me preguntó: "¿te gustan estos zapatos?, ¿qué te parecen estos?" No. No me pidieron mi opinión. Ellos decidieron. Y no me gustaron los que escogieron, con mucha punta. Hubiese preferido unos más chatitos y con hebilla, pero yo no tenía ni voz ni voto, a pesar de que yo era la quinceañera.

Mi vestido, a pesar de que la tela era bonita y el color también, lo sentía raro. Sí le puso sisa para el busto, pero a la falda le agregó unas pinzas que hacían que se inflara por enfrente en el estómago (*hágame uste el favor, ¿por qué y para qué? ¿Adorno?*). También hizo una capita muy bonita bordada de chaquira. Y me mostraba mi tía sus dedos. "Mira, hasta me sangraron de tanto bordar". "Ay, tía, muchas gracias".

Tanto trabajo para que no me sintiera yo a gusto. Me sentía como una malagradecida.

Mi hermana Lex dice que, el mero día de mi celebración, me vio llorando. "¿Por qué llora si es su fiesta?", se preguntaba.

Me sentía incómoda, ridícula, y con una rebeldía reprimida que no sabía cómo dejar escapar. Sí, eran mis quince años, pero no estaba contenta.

En la foto, estoy al lado de mi mamá con su vestido (del mismo color que el mío) que le quedó muy bien. Mi papá con su camisa remendada. Mi tía muy bonita con su vestido de maternidad, porque estaba esperando otro bebé.

CAPÍTULO 18

Aquí, amados de mi corazón, para que no les digan y no les cuenten y mucho menos para que no inventen, va esta narración de lo que a mí me ha pasado. ¿Quién más lo va a saber sino yo? Algunas pláticas y anécdotas de mamá y papá también son directamente de ellos. Ni ficción ni invención. Tal vez un poco de exageración, como la de mi papá al decir, "yo me eché a cuatro". (Creo que solamente habían sido tres individuos los que mandó al otro barrio). Y eso fue en defensa propia ya que ellos querían matarlo a él. Pero cuando gritoneaba era porque ya traía unos pulques adentro. Y nosotros decíamos, "¡cállate, papá, se supone que es un secreto!".

Y también mi mamá tal vez exageraba al decir que para la preparación de su boda con mi papá se habían sacrificado chorrocientas gallinas y que había una retahíla de ellas. Eso lo decía señalando con sus manos un arbolito que estaba un poco lejos de los lavaderos. Con su mirada recorría el camino imaginario lleno de estas pollas colgadas del pescuezo.

Tal vez ellos exageren un poco, pero yo no, ya verán cuando vayan recorriendo estas vivencias se darán cuenta que hasta me faltaron detalles. Aquí va, antes de que la memoria me traicione.

En una reunión reciente, una de mis sobrinas preguntó si era verdad que yo me había quedado a vivir en Texcoco (lugar donde nacieron mis hijos), porque tenía una cuenta que pagar al padre de ellos que, por tal motivo, yo estaba obligada a vivir con él. ¡Claro que no! ¿De dónde sacaron eso? ¡Yo no le debía nada a ese señor!

La única razón por la que nos quedamos tanto tiempo viviendo esa vida de cautiverio fue por miedo. ¡Puro miedo! Vivía yo amenazada y aterrada.

No era posible seguir viviendo así. ¿Qué futuro les esperaba a mis criaturas? Yo era humillada y señalada por las vecinas por ser simplemente la mujer de aquel hombre, que por su dinero podía tener a tantas como él quisiera seducir, y ponerles casa.

Mis hermanitas y mi hermano me visitaban de vez en cuando y se percataban de lo infeliz que yo era. Mi juventud había sido truncada. Tenía 17 años cuando me sedujo. Mi familia me reiteraba que no estaba sola, que podía regresar a casa. Ellos me ayudarían a criar a mis niños, que eran y son mi vida. Así que, con mucho miedo, pero decidida, me atreví a volver a mi pueblo, a la casita de adobe donde crecí. ¡Qué felicidad retornar con mi familia! No pedía yo más que vivir tranquila con ellos, ver crecer a mis pequeños, cocinar para mis hermanos, lavar, limpiar y hacer todo, pero con ellos. Entonces, saboreando mi libertad con mis hijitos, me instalé en mi antiguo hogar. Mi hermana Lex me había advertido que el hombre ese (no quiero ni decir su nombre) me iría a buscar para llevarme con él otra vez. "¡Tú firme!, nada de que vuelves con él a esa vida de la que te avergüenzas tanto", me exhortaba ella. "No, no; cómo crees, con él no vuelvo por nada, aunque me suplique", decía yo muy decidida.

¡Qué inocencia la mía! ¿De verdad creía yo que me iba a dejar vivir en paz? Claro que llegó a buscarme y a suplicarme que volviera con él. Pero me encontró muy empoderada y firme en mi decisión de dejarlo. Pero él no se rindió, cuando vio que me tenía perdida, me obligó de la manera más ruin. Me amenazó con quitarme a mis hijos si no volvía con él. Yo sabía que él tenía mucho dinero y que no le costaría ningún esfuerzo llevárselos. Él seguía hablando, recordándome que tenía los medios y el poder y bla, bla, bla. Yo ya no escuchaba lo que decía. Simplemente me doblegué, abracé a mis chiquitos Luzi y Óscar. Nada ni nadie me iba a separar de ellos. Llorando, volví a mi vida de encierro y vergüenza.

Así pasaron otros años y llegaron más hijos (los más jóvenes ahora felices de que volví, y los mayores también, ya que no imaginamos la vida sin ninguno de ellos, son de gran bendición los unos para las otras y más para mí).

Pero la idea del escape seguía en pie. Ahora teníamos que ser más cuidadosos y cautelosos. Ya sabíamos que, si me iba para mi casa, era fácil encontrarnos. Íbamos madurando un plan. Todo estaba cuidadosamente planeado para el gran escape aquella madrugada de julio de 1976. Pero, a pesar de cuidar todos los detalles tan minuciosamente, algo se salió de control.

Todo estuvo a punto de derrumbarse, yo perdería a mis hijos y seguramente moriría de tristeza. Solamente nuestra heroína pudo salvarnos. Con su capita de niña maravilla, mi pequeña, mi primogénita, salió al rescate. Siete años antes, esta niña llegó al mundo para salvarnos la vida por primera vez, para traernos luz. Literalmente, nos llenó de luz y alegría ya que estábamos sumergidos en un mundo de tristeza y desolación.

Mi madrecita, que estaba esperando otro bebé, falleció con sus dolores de parto. El doctor ya le había advertido que no debía tener más hijos, pues tenía una hernia del tamaño de una pelota de beisbol. Yo me sorprendía con cada uno de sus embarazos y no por el crecimiento de su vientre sino por el gran chipote que crecía a la par.

Yo siendo una chamaca, también estaba esperando a mi criatura. Escondida, avergonzada, sin poder dar la cara, ya que había salido con mi *domingo siete* (embarazo sin matrimonio), estigma para la familia y para mí misma. No podía ir por allí mostrando mi *panza* orgullosamente como otras futuras madres. Entonces ahí, a mi rincón de ignominia, llegó mi papá para soltar esa terrible noticia. Como una puñalada, como un dardo en la frente.

"¡Tu mamá ha muerto! Está en el hospital. No nos quieren entregar el cadáver".

Yo sentí morir. Rogaba a Dios que fuera una horrible pesadilla, un error. ¡Que no fuera verdad! Caí de rodillas, bañada en lágrimas de dolor, de tristeza, ¡de culpabilidad!

Siendo cinco de mayo, decían que los doctores la habían descuidado porque eran unos practicantes. Que estaban investigando el caso. El cuerpo de mi madre se quedó en el hospital por seis días de martirio para nosotros.

Esos días de espera fueron de suplicio, desolación, llanto, incredulidad. Andaba por la casa, más bien deambulaba por la casa viendo a mis hermanitas como sombras. Mi pobre hermano, consentido de mi mamá, ¿qué iba a ser de él? Me partía el alma verlo tan desprotegido, tan ausente, queriendo morir también como todas nosotras. Como un robot, yo me dediqué a limpiar, acomodar, levantar, sacar toda la ropa de mis hermanitos y mi papá y lavar, quería agotarme y morir de cansancio. Pasó el diez de mayo. El Día de las Madres más triste de nuestras vidas. El más funesto y desgarrador.

Al fin, el 11 de mayo llegó el cuerpo. Después de tantas investigaciones donde se necesitaba de muchas influencias y dinero para llegar a la verdad. Ya nadie de la familia pudo seguir con esas diligencias y al fin entregaron el cadáver de mi madre que, dado su estado de descomposición, ya no pudimos velarla como es la costumbre en los pueblos.

En la iglesia católica, el cura del pueblo hizo unas oraciones con el féretro allí presente. En seguida, la llevaron para ser sepultada en una fosa en el cementerio del lugar.

Esa fue la cruda realidad. Mi madre de verdad había muerto. No era una pesadilla. Ahí la estábamos despidiendo. Creo que me desmayé de dolor y estuve a punto de caer en la fosa con ella. Mis madrinas me sostenían diciéndome que tenía que ser fuerte, no por mí, sino por mi criatura. ¿Acaso me acordaba yo que estaba embarazada? Yo sentía que ya no existía.

Me sorprendía que, a pesar de tanto dolor, tanto trabajo, tanto suplicio y sacrificio de estar ahí de rodillas, yo todavía estaba viva y podía levantarme y ver a mis hermanitas pequeñas jugar inocentes de la tragedia que estábamos viviendo. Le preguntaban a mi hermanita chiquita, ¿cuántos años tienes?, y ella levantaba cuatro deditos y decía "cuatlo". Así de pequeñita quedó la huerfanita más joven.

Después del novenario (rezos que se hacen por nueve días consecutivos después del entierro, costumbres católicas), fuimos a dejar las flores y las velas que todavía tenían pabilo para seguir alumbrando la tumba, y para poner punto final a ese ritual triste de los usos y costumbres del pueblo.

El 21 de mayo, día de Nuestra Señora de la Luz, (según el calendario católico, hay santos cada día). ¡Fue un maravilloso despertar! No solamente el llanto se volvió en gozo. ¡Dios nos mandó el milagro de la vida! Volvimos a nacer. ¡Hasta se sentía raro ser tan feliz!

Yo di a luz. Literalmente a Maria de la Luz. Ella llegó a alumbrar nuestras tinieblas. Por eso digo que nos salvó por primera vez. Todos volvimos a la vida. Mi Luzi, una niña hermosa con su cabello negro, abundante y lacio como seda y sus ojos grandes pizpiretos. Sana y fuerte, a pesar del dolor por el que había atravesado su madre. Supo esperar hasta el momento preciso para llegar porque tenía una misión que cumplir. Y no había terminado.

¡Aún tenía otra misión! ¡Es dos veces heroína!

Después de la tragedia de siete años antes, cuando ella vino a rescatarnos de la tristeza, ahora la necesitábamos una vez más para salvarnos. Porque a pesar de que todo estaba minuciosamente planeado para el escape. Algo salió mal. ¡Que angustia!

Mi Luzi tenía una amiguita en el colegio, el padre de esta niña tenía un vehículo de transporte. Ya teníamos el lugar a donde nos íbamos a esconder. Lejos de mi pueblo. Muy sigilosamente y con mucha discreción, contraté al chofer para que nos llevara a nuestro escondite, aquella madrugada de julio. Los niños pronto saldrían de vacaciones de la escuela. ¡Entonces estaríamos listos para escapar! Le supliqué con toda mi alma al señor del transporte que por nada del mundo le dijera a nadie a donde nos llevaba. Mi vida corría peligro. Nos pusimos de acuerdo que llegaría a las cinco de la mañana. No dormí esa noche preparando todo para la partida, las maletitas de los niños. Vendí algunos muebles a última hora. Corrí la voz con las vecinas de que me iría a Chiapas.

El pánico me invade otra vez al recordar estos momentos cardiacos. ¡Me duele el estómago hundirme en la memoria! ¡El chofer no llegó a las cinco! ¡Ni a las 5:10! ¡Pasaban los minutos y no llegaba! ¡Qué tremenda desesperación! ¿Se imaginan si en lugar de él, llegara el papá de mis hijos? ¡Estaría yo perdida! ¡Moría de miedo!

¿Qué hacer? ¿Qué hacer? Mi niña conocía el domicilio del chofer, ya que a veces había ido con esa amiguita a su casa. ¿Recordaría cómo llegar sola? Ella, mi Luzi, era nuestra única salvación. Con el alma en un hilo, le pedí que fuera a ver qué pasaba. Que tocara la puerta del lugar. Tenía que ir pronto. Cuando pienso en esa pequeña corriendo a esas horas de la madrugada se me arruga mi corazón. ¿Cómo la pude arriesgar así? La desesperación me embargaba. Los niños allí con sus mochilitas en las espaldas, yo con el Santo Dios en la boca. ¡Qué angustia!

¡De pronto, en la calle vacía, vimos aparecer la camioneta con el chofer y con mi Luzi! ¡Lo había logrado! ¡Una vez más nos había salvado! A ella le debemos nuestra libertad.

¡Quiero llorar de felicidad, de amor y agradecimiento! Mi hija, mi pequeña, fue nuestra salvación. Con una valentía que no conocía en ella, nos llevó a la libertad, lejos del miedo y del dolor. Renacimos, gracias a su fuerza. Ella es mi heroína, el faro que nos guió en la oscuridad.

CAPÍTULO 19

Antes de que fuese la famosa Universidad Autónoma Chapingo, este maravilloso centro de aprendizaje se llamaba Escuela Nacional de Agricultura, la ENA. Nuestro célebre Álvaro Carrillo, autor de tan lindas canciones como, *Sabor a mí, Cancionero, Andariego* y tantos otros bellos boleros, bautizó a su hija con el nombre de ENA, por las iniciales de su alma máter. Álvaro Carrillo orgullosamente chapinguero.

Ahí fue donde mi papá encontró trabajo estable después de su escapada de Chiapas.

Boyeros, nuestro pueblo, está ubicado al Oeste de Chapingo.

Para tener el privilegio de ingresar a esta maravillosa escuela, el estudiante debe tener cerebro brillante, ser muy dedicado/a. Para obtener la beca, ser de recursos limitados. Todo eso tenían mis hermanas y mi hermano, quienes sí tuvieron la satisfacción de llamarse chapingueros. Yo no.

Si yo hubiese aprobado el examen para entrar a Chapingo, otro gallo me hubiese cantado. La historia que estoy escribiendo sería muy diferente a esta. Por mucho tiempo me sentí torpe e ineficiente por no haber pasado ese maquiavélico examen para ingresar a tan prestigiosa universidad. ¿Pero cómo me iba preparar? ¡Me faltaban las herramientas para estudiar!

En casa, los únicos libros que teníamos eran la *Santa Biblia* y las *Mil y una noches*, que mi papá me ponía a leer antes de dormir. En aquel entonces, no teníamos radio, mucho menos televisión.

Tampoco teníamos una biblioteca en el pueblo. Además, yo hubiera jurado que el dichoso examen estaba en un idioma desconocido al mío, como en chino o ruso, pues no entendí una sola de las preguntas. No tenía un lugar privado para leer. Mi mamá me mandaba al tejado arriba de la casa para estudiar. Me exentaba de lavar los trastes para que usara yo ese tiempo para concentrarme y leer mi guía. Ese cuadernillo también estaba en jeroglíficos raros, y no entendía ni *papa*. Para no aburrirme, me ponía yo a cantar. Sí, cantar, pero comerciales que escuchaba en los radios de los vecinos. Así que me escuchaban mis hermanitas cantando, "mamá yo quiero galletas, que sean, que sean, Lili". De pronto escuchaba a una de ellas reclamando "mami, ¡dile a Margarita que se baje a lavar los trastes, ella no está estudiando, solo esta canta y canta!".

Había otra opción para que yo estudiara, tal vez consiguiendo una beca para ingresar a la normal superior y ser maestra. Eso, sería maravilloso. ¿Pero a donde buscar esa beca?

Tía Agustinita tenía un hermano que trabajaba en la Secretaría de Educación Pública. Mi mamá y yo hicimos varios viajes en autobús hacia la ciudad para buscar ese lugar.

¡La ciudad de México, que impresionante! ¡De locura! La oficina fue difícil de encontrar. Llegamos al lugar, aunque no tuvimos el gusto de conocer a este tío, siempre muy ocupado. La secretaria era la que nos recibía, aunque salía con su *"venga mañana; hoy no puede recibirlas"*. Fuimos varias veces, al fin mi mamá se rindió y no volvimos más. Además, los gastos para pasajes del transporte reducían las tortillas que nos hacían más falta. Gastamos dinero y esfuerzo infructuosamente. No hubo otra salida más que yo fuera a buscar trabajo. Tenía 16 años.

Mi primer trabajo fue en una tintorería. Lo primero que hice fue quemar una chamarra. Yo nunca había usado una plancha eléctrica. Nuestra plancha en la casa era de carbón. Se llenaba de brasas ardiendo. Cuando teníamos lumbre de leña esperábamos las brasas al rojo vivo, era en ese momento cuando calentábamos la plancha y alistábamos nuestras prendas. Yo no tenía nada de experiencia con planchas eléctricas ni planchado a vapor; ahí aprendí.

Mi siguiente trabajo parecía de más categoría. Una tienda de ropa con sus vitrinas elegantes y escaparates con maniquíes, modelando la ropa de moda. Sentía que mi trabajo me subía de rango. Ni me imaginaba lo que me iba a suceder. El dueño de esa tienda fina y de otras sucursales no me quitaba la vista de encima. Él sería el padre de mis primeros cuatro hijos.

Vivimos en cautiverio en Texcoco por muchos años. No podía ni visitar a mis amados hermanos en Boyeros. ¡A veces lo hacíamos, pero a escondidas! Como aquella vez que fuimos a la fiesta de quince años de mi hermanita Feliza. No podía dejar de ir, aunque me costara una reprimenda y otras más, hasta que planeamos bien nuestra huida.

¡El gran escape se hizo realidad! Ahora ya empezábamos a saborear la libertad. No nos fuimos a Chiapas como había yo corrido la voz (para despistar al enemigo). Nos fuimos a refugiar a casa de mi hermana Flor en una colonia nueva cerca de Chapingo. No la menciono en los nacimientos de cada una de mis hermanitas y mi hermano ya que ella llegó a nuestras vidas cuando ya era una jovencita. Vino buscando a mi papá que también era el suyo. Nosotros vivíamos tan precariamente y nuestra ropa tan pobre que cuando ella se apareció luciendo aquella faldita tan bonita y con botas de los años 70, yo me quedé fascinada al verla. Ella estaba estudiando para secretaria bilingüe en la ciudad de México. ¡Qué suerte, qué bonita, qué bien vestida! Mi papá ya nos había platicado que teníamos más hermanos en Chiapas, pero nunca nos imaginábamos que vinieran a visitarnos. ¡Fue muy emocionante!

En una de aquellas visitas, Flor vino, pero a quedarse. Ya traía su diploma de secretaria bilingüe y además traía un niño muy bonito, mi sobrinito Jacob. Ella también había salido con su domingo siete.

Flor no tuvo ningún problema encontrando trabajo en la Universidad de Chapingo.

Y con la suerte de que cerca de la Universidad construyeron una unidad habitacional donde ella adquirió una casa de dos pisos, ¡una mansión con todo!, esas eran más bonitas que las que les dieron a los ejidatarios en mi pueblo; tenían baño dentro, lavaderos, y regadera para bañarse, ¡nuevecita!

Pues allí fue donde llegamos y nos acomodamos, por un tiempo, después del gran escape.

Allí también vivía una chica que al igual que mi hermana trabajaba en Chapingo. Platicando con esta joven, me enteré de que no estaba muy contenta con lo que hacía, ya que solamente pasaba calificaciones a mano y su máquina de escribir (eléctrica) estaba ahí guardada sin usarse, ella estaba perdiendo su habilidad para mecanografiar. Yo pensaba, "oh, qué bueno sería si pudiera ir a practicar en esa máquina". Era como soñar despierta.

En una de las conversaciones con Mara (así se llamaba la huésped de mi hermana), mencionó que la habían invitado a una fiesta, pero que no pensaba ir, ya que en esa casa tenían alberca y todos planeaban nadar y ella no tenía traje de baño. Entonces yo, que nunca había confeccionado nada parecido, me ofrecí a tejerlo. Ya había estado tejiendo unas bufandas y otras prendas para vender, pero traje de baño, ¡no!

Ella no podía creer lo bien que se veía su imagen en el espejo con su nuevo bikini. ¡Ni yo me la creía!

Muy contenta, me ofrecía pagar por su traje. "Por favor, dime cuánto te debo, *manita*, ¡me encanta! Debes hacer más para vender".

Entonces, surgió la idea que cambiaría mi destino. "Mira," le dije, "mejor dame *chance* de practicar mecanografía en tu máquina de escribir, cuando no la uses".

"Claro que sí", me contestó. "Cuando gustes, la máquina ahí está".

Se abrieron las puertas de Chapingo para mí. Empecé a ir por las tardes. Salía de la casa muy sigilosamente, de incógnita, con una pañoleta en la cabeza, muy envuelta para que nadie me reconociera.

Ay, de mi Llorona, Llorona, Llorona idolatrada, ahí quedaron mis penas, Llorona, por todita la calzada...

Así, cantando la *Llorona Chapinguera*, recorría ese camino, con lágrimas en los ojos de la emoción. Esa calzada llega al edificio principal, donde están las oficinas importantes, como la rectoría, tesorería y otras oficinas. Al lado se encuentra también la famosa Capilla Riveriana, con murales en todas las paredes, incluyendo el techo y las ventanas, del gran muralista Diego Rivera.

Frente al edificio está la fuente de las Circacianas. *Qué bonita es esa fuente, Llorona, llamada las Circacianas, recuerdo de mis cumpleaños, Llorona, pues siempre ahí me bañaban.* Siguen los versos de la Llorona Chapinguera. (Este verso menciona los chapuzones que les daban a los estudiantes en esa fuente).

Yo no pedía más. Tan solo el hecho de estar ahí dentro del edificio principal usando una de las máquinas de escribir, ya me hacía inmensamente feliz.

Los ingenieros y profesores que pasaban por ahí y me veían tecleando, me saludaban muy gentiles y caballerosos. Hasta que una tarde, el ingeniero Abel Aguilera, a quien mi hermana Lex conocía muy bien, ya que había sido su maestro, me preguntó muy amablemente qué por qué iba todas las tardes, que si yo trabajaba ahí. Le respondí, tímidamente que no, que solo estaba practicando. En seguida me dijo que iba a platicar con el profesor Porras para que me diera oportunidad en las siguientes fechas de contrataciones. Ni en sueños hubiese yo llegado a imaginar que algún día yo podría trabajar en Chapingo. Casi corriendo llegué a la casa, deseando que mi hermanita Lex nos visitara pronto para compartir mis buenas nuevas. Necesitaba su apoyo y sus consejos.

Lex había sido secretaria, ella sabía todas las reglas de ortografía, mecanografía, taquigrafía, más comportamiento y formalidades. Se dio a la tarea de prepararme para competir con las mejores secretarias, recién graduadas de la más prestigiada academia.

Me hacía dictados que yo tenía que tomar en los ganchitos esos que parecen jeroglíficos árabes – la llamada taquigrafía; asimismo, de palabras donde es común equivocarse en la ortografía, como: *decisión, disciplina, indeciso, etc.* También me instruyó en las reglas de acentuación.

Pregunta: ¿cuándo se acentúan las palabras esdrújulas? Respuesta: siempre. Si la sílaba tónica es la antepenúltima, se acentúan todas, sin excepción. Ejemplo: *próspero, última, cáscara...*

La regla para las agudas. Si la acentuación cae en la última sílaba y si terminan en *n, s,* o *vocal.* Ejemplo: *canción, corazón, a través, terminó,* (la diferencia que hace el acento no son lo mismo las palabras *término y terminó*, la primera es esdrújula, la segunda es aguda).

Y las palabras graves o llanas se acentúan si la sílaba tónica es la penúltima y si NO termina ni en *ene*, ni *ese*, ni en *vocal*; así como la palabra *lápiz*, sí se acentúa porque termina en z. Y la palabra *palabra*, aunque su silaba tónica es la penúltima (*la*) no se acentúa porque termina en vocal. Tenemos más acentos para separar diptongos y triptongos, pero esta no es una lección de redacción.

Pues así me preparó mi hermanita y tuve la dicha, y el gusto de ingresar a la prestigiada Universidad Autónoma Chapingo, no como estudiante, sino como una linda secretaria.

En ese tiempo se puso de moda una cumbia: *que linda secretaria es la que tiene usted. Una igualita a esa quisiera yo tener.* ¡Mis hermanas decían que ellas la habían compuesto para mí!

¡Oh, cuánto amor!

Gracias, Flor; gracias, Lex; gracias, Mara; gracias, ingeniero Aguilera, pero más que nada gracias, Dios.

CAPÍTULO 20

"Mi fascinación"

Llegué a Eugene
con sueños de mi patria,
con ojos de nostalgia,
con emociones encontradas,
la mente con recuerdos,
mi inglés con acento,
caminando lento.

Y luego te vi,
cantando una canción estaba
cuando te vi.
Muy triste me encontraba
cuando te vi
y la paz que encontré en ti
me hizo quedarme en Eugene.

La gente paseaba
por allí, cerca de ti.
Los niños correaban
felices hacia ti.

Tu belleza era tal
que me enamoré de ti.
Ahora quiero cerca de ti vivir y,
en momentos de soledad,
contentaras mi existir.
Quiero escuchar tu silencioso murmullo
y esa paz encontrar.

Sentada a las orillas de tu caudal,
embriagada y simplemente mirar
embelesada,
fascinada
y tal vez en el ocaso

tus dulces aguas,
me lleven a casa
a mi patria querida,
pero ahora solo quiero quedarme aquí
y cantar y soñar en Eugene,
cerca de ti mi rio,
por siempre mi rio,
my Willamette river.

CAPÍTULO 21

Dios me dio la fortuna, la responsabilidad y el privilegio de ser la primera de un montón de hermanas y un hermano. Y, aunque mi mami se nos fue muy pronto, me dejó ese gran regalo para compensar su ausencia.

Han pasado muchos años, ya podemos aceptar que mi madre falleció a tan temprana edad. Sobrevivimos a ese dolor indescriptible. Solo el amor que nos profesamos nos pudo sostener.

Hablar de mis hermanas y hermano tomaría un libro para cada uno. Por lo que les tocará a ellos escribir su propia historia, yo solo mencionaré en breve lo que guarda mi corazón y mi memoria.

Mi hermanita, quien cariñosamente llamamos Lex, ya que por nombre mi mamá decidió ponerle Lesbia –lo que fue motivo de burlas en la escuela, así que, en diminutivo y con mucho amor es, Lex. Nació con alma de líder. Yo seré la mayor de las 6 pero ella ha sido la guía, la mesurada, la ecuánime. Siempre muy consciente de "hablar nuestro idioma con propiedad", como ella dice. Nada de barbarismos. Sin menospreciar a los que todavía hablan usando este lenguaje arcaico. Nosotros dejamos de agregar una "s" a los verbos en segunda persona, como estuviste en lugar de *estuvistes*, o comiste en lugar de *comistes*. Y así otras correcciones en nuestro léxico.

Debido a la falta de nuestra madre, ella empezó a trabajar a temprana edad (al igual que yo), pero ella sin dejar de estudiar; así fue como, mientras laboraba como secretaria, también asistía a la preparatoria por las tardes y, además, tomaba clases de corte y confección sin dejar de vigilar el bienestar de sus hermanitos.

Siempre digo que le debo la vida de mis hijos, ya que ha sido como una segunda madre, enfermera, consejera y confidente para mí. Siempre mi amor, respeto y gratitud para mi Lex.

Al tercer embarazo de mi mamá llegó el ansiado varón, mi hermanito Fidel, nuestro consentido. Al crecer al lado de tantas hermanas tomó el papel de hermano celoso y protector, muy exigente y perfeccionista. Él nació con la habilidad de tocar varios instrumentos solo por oído. Nos deleita tocando el piano, el órgano, la guitarra, la marimba. Entre estos dones, destaca su voz privilegiada. ¡Qué maravilla!

Además, tuvo la satisfacción de darle a mi mamá el orgullo y el gusto de que su muchacho consentido se ganase una beca para sus estudios secundarios. Nuestra madre supo desde que lo dio a luz que era una criatura superdotada, con mente brillante. Así, con la mano en la cintura, tomaba sus clases y sin tenerse que quemar las pestañas para tomar los exámenes y, casi con los ojos cerrados, aprobarlos. Él debería de haberse ido a trabajar a la NASA. (La expresión de quemarse las pestañas, se dice por aquellos que se quedaban estudiando toda la noche, alumbrados por una vela de cera encendida).

Cada dos años mi mami nos regalaba otra hermanita. Entonces, después de la alegría del varoncito, nació otra nena. Era emocionante que mi papá nos llevara con nuestras madrinas o las vecinas a pasar la noche, porque ya sabíamos que al regresar encontraríamos un nuevo regalo de la cigüeña. Yo disfruté a esta chiquita, morenita, con su cabello rizado, (igual que el mío). Mi hermana Lex y yo nos tomábamos turnos para peinarla, solo que ella no la peinaba bonito como yo. Aunque ella decía que yo no tenía gracia para peinarla.

Yo le hice un vestidito a medida a mi hermanita Clelia. Le gustó tanto que no se lo quitaba ni para dormir. No se dejaba bañar porque no se lo quería quitar. Se lo confeccioné con una tela que mi mamá desechó de un vestido de la máquina de coser. ¿Qué, qué? ¿Éramos pobres, pero la máquina estrenaba otro atuendo? Pues así fue, entonces yo vi el potencial en la antes vestidura de la máquina; pregunté a mi mamá si la podía usar. "Claro que sí, ¿qué vas a hacer?", preguntó ella. Un vestidito a la nena, contesté yo, muy segura de lo que tenía en mente.

Era suficiente tela. A pesar de que ya estaba bastante gastada, todavía conservaba unos colores floreados muy bonitos. Emocionada, me dediqué a plisar y plisar lo que sería la falda. Al terminarla parecía que traía crinolina abajo, por lo esponjada que quedó. En seguida procedí a cortar la pechera usando doble tela, para darle más resistencia y compensar lo usado del material, luego uní las dos partes con la máquina de coser, donde estiraba yo mis pequeñas piernas para alcanzar el pedal. Cuando al fin estuvo listo, ahí esperando estaba mi chiquita ansiosa por estrenarlo; levantó los bracitos para acomodarle la prenda y, con aguja e hilo le di unas puntadas por la espalda, con muchísimo cuidado de no pinchar la piel. No ocupé ni botones, ni cierre, ni tirantes, pues quedó bien ajustado a su cuerpecito.

Pasaron los días y hasta semanas y la niña con el vestidito puesto; tal parecía una extensión de ella misma. Tanto tiempo pasó que se le encarnó. ¡Se le pegó a la piel! Cuando al fin mi mamá la obligó a quitárselo para bañarla, no podía. ¡Imposible arrancarlo! La prenda estaba incrustada a su axila. ¡Fue un suplicio! Mi mamá tuvo que hacer uso de sus pomadas, vaporub y agua tibia para desprender la tela que al fin cedió, pero con un poco del delicado pellejito. Le quedó una cicatriz, que aún lleva como tatuaje y como recuerdo.

Ya habían pasado dos años, ya era tiempo de que nos llevaran con las madrinas a pasar la noche. Aunque esta vez no fue necesario. Más bien se llevaron a mi mamá a un sanatorio, lo cual era difícil de aceptar. Lo único que nos consolaba es que ella iba a regresar con otra hermanita o tal vez hermanito. Mi papá se las ingenió para cuidar el montón de chamacos. Hacer de comer fue un verdadero reto, yo lo veía allí, afanado preparando unos chilaquiles. Tal vez pensó que sería lo más sencillo. ¡Hizo todo lo que pudo, pero le quedaron tan desabridos porque olvidó ponerles sal! (Es curiosa la memoria, cómo selecciona algunos recuerdos de la vida para hacerlos inolvidables, como para mis esos insípidos chilaquiles). Con los años, mi papá aprendió a cocinar delicioso.

Mi mamita regresó del sanatorio con su bultito en los brazos.

Los tíos del Cooperativo nos regalaron una visita. Querían conocer a la nueva criatura y saber cómo se había sentido mi mami en su experiencia en el sanatorio. Se divertían mucho de ver la desconfianza de mi papá que dudaba que, si tal vez esa nena no sería la suya, pues allí donde la tenían, había otros cien recién nacidos. "¿Cómo iban a saber cuál era la nuestra?", decía entre bromeando y dudando. "Pero si tiene toda tu cara", decían los tíos. Mi hermanita Feliza nació el 20 de noviembre de 1960, día de la Revolución mexicana. Veintitrés años después, en esa misma fecha, yo di a luz a mi bebita Amada, muy amada.

Pasaron otros dos años. Ya nos habíamos mudado a nuestra casa propia, con su olor a tierra mojada, su hermoso ventanal, en frente dos arbolitos que parecían gemelos y mucho terreno para sembrar nuestras hortalizas. Teníamos pollos, guajolotes, patos, puercos y una chiva. En el pedazo de tierra, sembrábamos, maíz, frijol, calabaza, papas, ejotes y otras verduras.

A mi mamá se le ocurrió irse al sanatorio otra vez para regresar con otra hermanita. Cuando volvió, le teníamos una sorpresa. La borrega había tenido un corderito de lo más bonito y lanudo. Claro que cuando mami llegó con la nena, todos nos olvidamos del borreguito. Queríamos ver a mi hermanita; abrazarla, arrullarla, acunarla. ¡Estaba tan bonita!

Para buscar el nombre que le pondríamos a la bebita, mi papá tuvo la gran idea de ponerme a leer la Biblia y el primer nombre de mujer que saliera en la lectura, ese sería el nombre que llevaría la niña. Así fue como la recién venida al mundo llevaría el nombre de Sara. Claro que no fue el primer nombre que salió en mi lectura bíblica. Seguramente papá se durmió mientras yo leía, y despertó al escuchar el dulce nombre de Sara. Sary para nosotros.

Pasó el tiempo. Mi mami estaba lista para irse al sanatorio una vez más, ya que la cigüeña dejó de llegar a la casa. Pero para relatar el nacimiento de la más pequeña de las hermanitas tengo que tomar un tiempo y respirar. Tan solo recordar me pone a temblar.

La noche anterior al 11 de febrero, parece que veo allí a mi madrecita pedaleando desaforadamente la máquina de coser. Me tenía que terminar mi uniforme de educación física de la secundaria. Por el uniforme regular no se tuvo que preocupar, ya que mi tía Agustinita del Cooperativo me lo había confeccionado. Era bonito, de mi talla, perfecto, ya que mi cuerpo estaba cambiando. Estaba yo en la secundaria. Había terminado el suplicio de los años de primaria donde sufrí toda clase de acosos. Hasta me sentía niña bonita con mi uniforme color de rosa y mis zapatitos nuevos. Me fascinaban mis zapatos, les daba grasa y les sacaba brillo. Los dejaba relucientes. Creo que estaba enamorada de ellos pues hasta los acariciaba y asegurándome bien de que nadie me viera, me acercaba y los besaba. No quería que nunca se me gastaran.

El uniforme de educación física consistía en una falta azul con tres pasadas de una cinta blanca alrededor (bies); blusa, *short* blanco y tenis. Mi tía también se ofreció a hacerme este atuendo, pero mi mamá insistió en que ella lo iba a hacer para no molestar a su cuñadita. Mi mami sí nos hacía vestiditos y todo, aunque no sabía de corte y confección, entonces corría el riesgo de que no le quedara muy bien. Lo que sucedió con mi falda, pues pedaleaba y pedaleaba y no terminaba ya que le puso tanta tela que bien hubiesen salido tres uniformes. Y tenía que ponerle tres pasadas de bies. Finalmente la terminó. Más bien parecía falda de bailable folclórico que, al tomarla con mis manos a cada lado y levantarla, me llegaba a la cabeza.

Se fue a dormir exhausta y yo también. Pero apenas se estaba cubriendo con las cobijas cuando empezó a gemir. Yo pensé que tal vez le dolerían sus piernas de tanto movimiento en la máquina, pero de pronto mi papá se levantó y dijo que iría a traer a doña Cleofas. Ella gritó: que ¡NO! ¡Tú, ayúdame!

Yo petrificada. ¡Mis ojos como platos!

Yo ni siquiera sabía que ella estaba embarazada (siempre traía estómago grande).

Y todavía creía que los niños los traía la cigüeña, a pesar de que ya estaba yo en la secundaria, era yo muy inocente. En días pasados mi mami trató de explicarme las tres desgracias que le suceden a la mujer, como ella les decía. Lo recuerdo como si fuera ayer. Estábamos haciendo tortillas en la cocina llena de humo, por los leños a medio arder debajo del comal. Yo creo que ella escogió ese tiempo, así entre la humareda, para disimular su incomodidad. "Ya es tiempo de que sepas que las mujeres tenemos tres desgracias", me dijo ella muy solemne. Me imagino que así se los dijeron a ella. "La primera desgracia, es...", continuaba ella, "que la mujer cuando deja de ser niña empieza a sangrar". "Oh, no. ¿Cómo es eso?", yo pregunté, incrédula.

"No te puedo decir más, ya lo verás tú muy pronto", contestó ella muy seria.

"¿Ay, no, por qué?", repliqué yo. Ella continuó sin responder mi pregunta.

"La segunda desgracia...", ahí no sabía mi mami ni cómo usar sus palabras. "La segunda desgracia pasa cuando la mujer se casa; en la noche de bodas, el hombre hace algo, ¡que le duele mucho a la mujer!". "¿Qué? ¿Qué hace?", pregunté aún más sorprendida y asustada. "Tampoco te lo puedo decir. Ya lo sabrás a su debido tiempo", continuó mi madre.

Yo estaba tan confundida. No entendía nada.

"Y luego la tercera desgracia... ¡¡qué a los bebés no los trae la cigüeña!!", finalizó, satisfecha de haber cumplido con su obligación de madre, de informar a su hija lo que estaba por llegar en la adolescencia.

"¿Qué, qué? ¡No es posible! Apenas me acaban de decir que los Reyes Magos no existen, cuando yo estaba tan creída que venían en su camello, su caballo y su elefante. ¿Ahora dices que la cigüeña no viene, entonces quien trae a los bebes?", necesitaba yo saber la información completa.

"Salen de nosotras. Nosotras los traemos al mundo", me afirmó ella.

"Pero ¿cómo?", pregunté yo muy asombrada.

"Salen de nosotras", dijo ella, echando otra tortilla al comal caliente.

Y yo, totalmente estupefacta dije, "¡no puede ser! Pero... ¿por dónde?", Ni una pista me dio mi mamá. Y como no pudo explicarlo, ahora, allí estaba ella, dando a luz ante mis ojos atónitos. Supe que no era ninguna desgracia pues la muchachita que nació ese 11 de febrero, día de nuestra Señora de Lourdes, es una bendición.

De primera fuente

CAPÍTULO 22

Como los cinco dedos de mi mano, así mis hijos, cinco ellos, de mi corazón amados. Cierro mi puño y aquí los llevo.

Tan iguales, pero tan distintos. Mejor de lo que una madre puede pedir del fruto de su vientre.

No puedo más que agradecer al Creador, que me dio los medios y la sabiduría para guiarlos. A mis hermanitas va también mi agradecimiento por su amor, su apoyo, guía y disciplina y ejemplo de superación.

Me sorprendió la maternidad en plena adolescencia. Aun así, mis brazos estaban listos para arrullar a mi primera criatura. Mi Luz me enseñó a ser madre. Me trajo una felicidad que no sabía que existía. El 21 de mayo, nació ella y yo volví a la vida.

En el calendario mexicano, ese día 21, traía el nombre de Nuestra Señora de la Luz. Yo había estado pensando en nombres que se hiciera diminutivo de forma natural: Como Paty por Patricia, Leti por Leticia, Susi por Susana, Gaby por Gabriela. Entonces, cuando vi el nombre en el calendario, ya no busqué más. Su nombre estaba dado: Luzi.

Para mí, nada de planear y decir: voy a tener este bebé y lo voy a educar muy bien, lo voy a enviar al mejor colegio, y todo eso que hacen las parejas recién casadas cuando empiezan su familia. ¡No! Mis hijos fueron llegando y yo ajustándome al siguiente y al nuevo y al siguiente, tal vez desatendiendo a los otros. Siempre me sentí en deuda con mi primogénita por no darle una hermanita con quien jugar, porque después de ella vinieron los tres varones uno tras de otro que se unieron en sus travesuras y juegos. Siempre agradezco a mi hermanita Lulú que, siendo tía, tomó el papel de hermanita para mi Luzi, que, si bien recibió los primeros cariños de su madre y de todas las tías, también fue reemplazada pronto, y los mimos eran para el nuevo hermanito.

En diciembre 17, nació mi Óscar. Qué hermosura de bebé. Aunque era tan llorón, y no lo podía atender al cien por ciento, como lo había hecho con mi Luzi. Tenía que lavar los pañales y atender a dos criaturas. Antes de irme a los quehaceres me aseguraba de que él ya estuviera bien amamantado, con su pañal limpio. ¡Ah, pero el chamaco lloraba! Seguramente tenía cólicos y tenía yo que ponérmelo en el hombro para que eructara, no sé. Yo nunca hice eso con ninguno de mis niños. Para calmarlo, su hermanita bonita, chiquita que todavía no cumplía los dos años, le movía la cuna cantándole. *No llode, no llode, no llode.* Pidiéndole que no llorara.

Ese muchacho llegó a ser muy fuerte de carácter, muy organizado y exitoso.

Cuando estuvo en la *Navy* en Japón, aprendió a ser todavía más organizado. Se veía tan guapo con su uniforme. Pero que angustia cuando tuvo que participar en la guerra del Golfo. Esos días fueron de zozobra y llanto para mí.

Al fin, la familia volvió a respirar tranquilidad cuando regresó mi muchacho con toda esa experiencia y aprendizaje. Soy una madre afortunada por tener un hijo veterano de guerra. Aunque lo más admirable de este hijo mío es que es un buen padre.

Llegó el tercer hijo, otro varón. Los nombres de mis hijos, los escogíamos entre mis hermanas y yo. Y daba la casualidad de que nacían en días festivos, entonces en el calendario no había nombre dado. Eddy nació el 20 de abril, ese día era Viernes Santo. Si hubiese sido yo fiel a los nombres del calendario, mi segundo chamaco varón se llamaría viernes. Pensándolo bien, nada mal, así se llamaba el compañero de Robinson Crusoe.

Mi hermana Clelia había tenido un novio que se llamaba Edgar. También mi tía Tere, única hermana de mi mama que vive en Chiapas, tiene dos hijos que se llaman Oscar y Edgar. Entonces ese nombre me gustó porque así le podíamos decir Eddy como la canción que canta Angélica María. *Eddy, Eddy.* Este muchacho parece que fuera el más serio, pero de pronto es medio divertido. Entre su seriedad nos hace reír. ¡Oh, las anécdotas que hay que contar de sus travesuras! Ahora dan risa, pero cuando estuvo a punto de quemar la casa no fue chistoso.

¿Y qué tal que cuando por su culpa se quedaron todos sin su nieve? Yo les prometí que si se dejaban vacunar sin llorar les iba a comprar su helado. Todo iba bien hasta que el "Eddy, Eddy" se echó a correr y las enfermeras detrás de él, hasta que lo encontraron bajo el escritorio de un doctor. Casi lo tuvieron que amarrar para vacunarlo.

Pero aparte de eso creció hasta ser un buen chico, guapo y trabajador.

También muy limpio y organizado, acomedido en la casa, haciendo proyectos, me recuerda a mi propio padre, arreglando cualquier desperfecto en la casa. Pero al igual que su hermano mayor, lo más admirable: que es muy buen papá.

En un par de años, como tenía yo tan poquitos hijos, llegó el cuarto, que es el tercer varoncito, nació el 24 de diciembre. En el calendario dice, *Noche Buena*. Ese nombre no está bien para un niño. Entonces a sugerencia mi hermana Clelia que tenía novios con nombres bonitos, este niño lindo que nació en la víspera de Navidad se llama Víctor. ¡Oh, que niño más precioso! De verdad, y no es que el amor de madre me cegara. Cada niño que tenía estaba más lindo que el anterior. Los podría yo haber alquilado para el niñito del nacimiento navideño. Pero como los tienen en puro pañal, no los quise exponer a un resfriado.

Mi Víctor ocupaba lentes, pero nunca me preocupé de llevarlo al oculista. No se me ocurrió que, por no ver bien, se acercaba tanto a la tele. Hasta que llegamos a este país dijeron que mi muchacho debería usar lentes para ver. ¡Ay qué pena! pero en la familia nadie los había requerido. Mi hermana lo bautizó como Bambi, por sus enormes ojos hermosos, en ese tiempo estaba esta película de moda. Mi niño creció y llegó a ser un buen muchacho, bien portado, compasivo y podría usar tantos más adjetivos para mi hijo menor, pero igual que sus hermanos mayores lo mejor que veo en él es que es un padre maravilloso.

Y como los dedos de la mano. Cinco, llegó el dedo meñique. La pequeñita, ya por todos esperada. La hermosa y bien amada, Amada. Nació el 20 de noviembre día de la Revolución Mexicana. En el calendario dice Día de la Rev. Mex. Que feo nombre para una nena. El significado proviene del verbo amar. Además, uno de los poetas orgullosamente mexicano, oriundo de Nayarit, Amado Nervo.

Y así como su hermana mayor, Luzi, que trajo tanta felicidad a la familia, la hermana menor es la adoración de todos. Podría haber sido la consentida, pero creo que en lugar de eso la descuidé un poco. De pronto me llegan pensamientos incomodos de que pude haberlo hecho mejor, darles más atención. Ser menos disciplinaria y más amorosa. Me torturo especialmente con las evidencias de mis descuidos. Existe un *cassette* con la grabación donde estamos todos canta y canta. Lulú mi hermanita estaba aquí con nosotros, ella tocaba la guitarra. De pronto en la algarabía del canto se oye en la grabación una queja. "Mami, Víctor me torció mi dedo." Nadie la escuchó. Entonces, ella repite: "Mami, Víctor me torció mi dedo." Volvemos a ignorarla. En seguida y con otro tono ya más cansado. "Víctor me torció mi dedo." Ahí se oye la voz de Víctor. "Cállate escuincla chismosa." Mi pobre nena, nadie la tomó en cuenta su queja. Y así como esa hay muchas muestras de la negligencia mía.

Otra vez que andaba la familia de México de visita, los llevamos a pasear al Mall. La plaza de Washington Square y entre el montón de gente allí en medio de las tiendas de pronto sale la nena llorando. "Yo me perdí y ustedes ni cuenta se dieron." ¡Ay que pena, que dolor, esta criaturita! Y así hay varias anécdotas como descuidé a mi Amadita.

Otro recuerdo desagradable y se quedó grabado en video. Estábamos estrenando un *camcorder*. Yo siempre grabando. Estaban felices brincando en el trampolín. Y de pronto, en uno de los brincos se mordió la lengua. En seguida se bajó y me dijo, con la mano en la boca, "mami me mordí la lengua," y yo le dije, "ya no lo vuelvas hacer y diles a tus hermanos que tengan cuidado."

Pero lo más triste, que apenas me voy enterando, es que vendí en una venta de *Garage Sale* sus monos de peluche, entre ellos, uno que Oscar le había enviado desde Japón. ¿Me perdonas mi nena?

Solo Dios que tuvo misericordia de mí y de ustedes envió a sus ángeles protectores para que llegáramos hasta donde estamos ahora. Yo no puedo estar más orgullosa. Mi Amadita también una madre admirable y un magnífico ser humano.

Ya que recorrí estos recuerdos, cierro el puño de mi mano y aquí los guardo cerca de mi corazón.

De primera fuente

CAPÍTULO 23

"Como han pasado los años", dice una canción con Gloria Estefan, Los cambios que da la vida.

Los cambios para mi han sido maravillosos. Mis hijos son mi orgullo, mi delicia, mi bendición.

En días pasados me llamó mi Oscar para preguntarme si me gustaría dar una charla para el día de la Mujer.

Que honor que mi muchacho confíe en mí y me recomiende para para dirigirme a otras mujeres y hombres también para inspirarlos, exhortarlos, animarlos. Sabiendo por todo lo que hemos pasado, las luchas que hemos librado, los sacrificios, las humillaciones y también el apoyo de muchos, todo ha sido aprendizaje. Podemos decir con humildad que hasta aquí Dios nos ha traído y bendecido.

Sí, ha sido muy difícil, todos lo sabemos, porque si llegar, luchar, nadar contra corriente hasta lograr estas metas fueran fácil cualquiera las haría.

Mientras la mayoría de los jóvenes miran hacia adelante, atienden sus colegios, forjan su futuro, algunos no tienen esas oportunidades. Yo no las tuve. Trabajar desde muy joven fue mi única opción.

Aunque estudiar siempre fue mi deseo. Teníamos la Universidad Autónoma Chapingo tan cerca. Al alcance de los más capaces. Yo no estaba en ese grupo. Mis hermanitas sí, y mi hermano también.

Ellos si aprobaron ese examen en Chapingo, se mantuvieron en esa escuela tan exigente. Cuando cada año iban eliminando estudiantes por no rendir académicamente, ellos se sostenían allí con buenos promedios y así mantenían la beca.

Maravilla de maravillas esa universidad, donde yo no pude ingresar por no aprobar el examen (todo pagado: clases, libros, comedor, y además un poco de dinero para gastos. Entrar allí era como sacarse la lotería). Mi orgullo era ver a mis hermanos graduarse de sus carreras profesionales.

Yo también presenté el examen y no lo pasé. Lo cual me hizo sentir como la menos inteligente de mis hermanas. No tuve oportunidad de asistir a la preparatoria. A los 16, tuve que salirme de la casa a buscar trabajo. Salí con mi domingo siete. (Embarazo sin matrimonio).

Criando a mis hijos, pero con esa hambre y sed de superación personal. Leyendo libros que llegaban a mis manos, escuchando programas educacionales (la hora nacional en el radio los domingos). No había mucha tela donde cortar. No supe de programas educativos para adultos.

Al emigrar a este país, se nos abrieron las puertas de oportunidades para la educación. Ese acceso a escuelas, que por falta de recursos se me fue negado en mi patria lo encontramos aquí. Mis hijos, a pesar del choque cultural y la barrera del idioma, asimilaron su segunda lengua. Dedicados y perseverantes continuaron sus estudios hasta alcanzar la universidad

Al mismo tiempo, yo luchaba por obtener mi certificado GED. Ese fue el primer escalón para seguir adelante con mis estudios superiores. Mientras estudiaba, apreciaba el privilegio de poder asistir al colegio. ¡Qué maravilla! Yo no quería terminar la escuela, tomaba clases que me gustaban. Estaba encantada con el aprendizaje, ni me la creía que era yo parte del grupo de estudiantes. Algunos compañeros, al verme tomar tantas clases sin ton ni son, me decían que fuera a ver a un consejero y yo decía qué para qué, si yo no tenía problemas psicológicos. Y seguía estudiando, cada clase que tomaba me inspiraba: quería ser nutrióloga, maestra de educación física, astrónoma, oceanógrafa. Era como una nena en una tienda de dulces que los quiere todos. Al fin entendí para qué tenía que ir a ver a un consejero. Era para que me guiara en lo que yo quería hacer con las clases que estaba tomando.

De pronto llegaba la frustración, por momentos me quería rendir. Así que fui con el tal consejero y le conté que me sentía muy avanzada de edad (casi cuarenta años) para estar en estos asuntos de universidad. Y me dijo, "Cumplirás los cuarenta quieras o no. ¿No es mejor cumplir los cuarenta con estudios universitarios? ¡No pierdes, ganas!". Palabras sabias del consejero.

Volvían mis dudas a veces cuando mi hijo me visitaba con mi nieta. "Ya soy abuela, y yo aquí de ridícula niña de escuela". Yo me decía, "vete a cuidar a tus nietos". Siguiendo el consejo del consejero, pronto me animaba, "lo duro ya pasó. ¡Puedes hacerlo!". Lo más difícil había sido obtener el tan ansiado diploma de GED. Lo había querido obtener desde México con la prepa abierta. Sin éxito. Presentaba los exámenes en la ciudad después de haber estudiado arduamente por meses. Cuando ya estaba lista, solicitaba el examen, pero los reprobaba, lo que me hacía sentir otra vez poco inteligente. Aprobé solo dos o tres, pero se necesitaban cinco para obtener el certificado de Preparatoria Abierta.

Al llegar a este país, me enteré de que también existe la opción de estudiar para aquellos que no pudieron asistir a la preparatoria. Me dije: *pa luego es tarde y órale*. Me apliqué a estudiar, aunque intimidada por el idioma. Si no lo pude obtener en México en mi idioma, ¿cómo le voy a hacer aquí en inglés? Tenía mucho miedo, pero no me rajé. *¡A rajarse a su tierra!*

Creo que estaba yo traumada por no haber obtenido ese diploma de GED. Incluso tuve pesadillas. Un día soñé que lo tenía en un cuadro en la pared. En mi sueño me preguntaba: *¿pero cuando hice los exámenes? ¿Cuándo los pasé?* Desperté. Claro que no había ningún cuadro en la pared, todavía no tenía ese papel. ¿Qué tan difícil es? Nada de eso, "échale los kilos, a seguir estudiando hasta llegar a la meta". Obtener el famoso diploma, me fue más difícil que completar la maestría.

Fue maravilloso tomar clases con mis hijos que me iban abriendo puertas. Guardándome sus libros. Sugiriendo esta o esa clase con este o aquel maestro. Cuando supe lo que tenía que hacer para graduarme junto con ellos tomé cursos de verano y créditos extras.

Llegó el día de la graduación. Fue muy irreal, pero muy especial, porque me graduaba con mis hijos Eddy y Oscar. Sentía como que flotaba en las nubes, como un sueño maravilloso.

En el verano de 1998, me gradué con mi maestría en educación. Tengo una foto enmarcada en la pared de mi sala con el presidente Clinton y nosotros tres. Si, con el presidente de los Estados Unidos.

Él fue el invitado de honor para inspirar a los graduados. En su discurso, el mandatario mencionó a una inmigrante ejemplar, que años atrás llegó a este país sin su *high school* diploma, "hoy recibiendo su *Masters' Degree*, un aplauso por favor. Ella es Mago Gilson". ¿Había dicho mi nombre? ¡Se dirigía hacia mí! Hablando de la importancia de los migrantes en este país. Los periodistas volcaron sus cámaras hacia mí y empezaron las entrevistas, y mucha gente vio nuestros rostros incrédulos en las noticias en la televisión.

¡No lo soñé! Ahí están las fotos de los periódicos y las entrevistas en el centro de este libro. Y también en sus respectivos cuadros que cuelgan en la pared de mi casa, para recordarme que aquella niña "poco inteligente" que no pasó el examen en la UACH, no fue por falta de talento, sino por falta de oportunidades.

www.ingramcontent.com/pod-product-compliance
Lightning Source LLC
LaVergne TN
LVHW051839080426
835512LV00018B/2969